Illustrierter Sprachführer

PERSISCH-DEUTSCH

JOURÎST

MP3-Audiokurse und PDF-Dokumente

Sie finden den MP3-Audiokurs sowie die dazügehörige PDF-Datei mit allen Wörtern und Wendungen in Deutsch und in Arabisch unter dem Link:
http://de.jourist.com/isdf

Autor: Max Starrenberg
Illustrationen, Texte und Gesamtherstellung: Jourist Verlags GmbH, Hamburg

ISBN 978-3-89894-674-2

JOURIST

www.jourist.de

erwendete Lautschriftzeichen mit Beispielen

okale

] hat [hat], Adapter [a'dapte]
:] haben ['ha:bən], Ja [ja:], Tag [ta:k]
Wasser ['vase], Feuer ['fɔɪ̯ɐ]
wir [vi:ɐ̯], hier [hi:ɐ̯]
:] Croissant [kʀo̯a'sã:],
Restaurant [ʀɛsto'ʀã:]
:] gehen ['ge:ən], Fernseher ['fɛʁnˌze:ɐ],
Makrele [ˌma'kʀe:lə]
Äpfel ['ɛpfəl], Erbsen ['ɛʁpsn̩]
:] später ['ʃpɛ:tɐ], Fähre ['fɛ:ʀə]
] bitte ['bɪtə], Gepäck [gə'pɛk]
Paprika ['papʁika],
Provision [ˌpʀovi'zi̯o:n]

[i:] Spiegel ['ʃpi:gl̩], viele ['fi:lə]
[ɪ] mit [mɪt], bitte ['bɪtə]
[o] Provision [ˌpʀovi'zi̯o:n], Euro ['ɔɪ̯ʀo]
[o:] Monat ['mo:nat], Ofen ['o:fn̩]
[ɔ] Ordnung ['ɔʁdnʊŋ], Euro ['ɔɪ̯ʀo]
[ø:] stören ['ʃtø:ʀən], König ['kø:nɪç]
[œ] Löffel ['lœfl̩], Röntgen ['rœntgn̩]
[u:] Flug [flu:k], Huhn [hu:n]
[ʊ] Stunde ['ʃtʊndə], Gurke ['gʊrkə]
[y:] Gefühl [gə'fy:l], Flügel ['fly:gl̩]
[ʏ] drücken ['drʏkn̩], fünf [fʏnf]

---

oppelvokale Diphthonge

ɪ̯] nein [naɪ̯n], Eingang ['aɪ̯nˌgaŋ]
ʊ̯] Ausgang ['aʊ̯sgaŋ], Haus [haʊ̯s]

[ɔɪ̯] Heute ['hɔɪ̯tə], Beule ['bɔɪ̯lə]
[ɛɪ̯] Cocktail ['kɔktɛɪ̯l], E-Mail ['i:ˌmɛɪ̯l]

---

onsonanten

(**Knacklaut**) Postamt ['pɔstˌʔamt],
geöffnet [gə'ʔœfnət]
] bitte ['bɪtə], Bank [baŋk]
] nicht [nɪçt], mich ['mɪç], Licht [lɪçt]
] wieder ['vi:dɐ], denn ['dɛn]
verstehen [fɛɐ̯'ʃte:ən],
Familie [ˌfa'mi:li̯ə]
] Gemüse [ˌgə'my:zə],
Joghurt ['jo:gʊrt]
] Hotel [ho'tɛl], heute ['hɔɪ̯tə]
ja [ja:], Januar ['janu̯a:ɐ̯]
] Kabine [ka'bi:nə], Bank [baŋk]
Frühling ['fʀy:lɪŋ], links [lɪŋks]
Nebel ['ne:bl̩], Spiegel ['ʃpi:gl̩]
n] Mais [maɪ̯s], Sommer ['zɔmɐ]
] nein [naɪ̯n], wann [van]
] Abend ['a:bn̩t], rufen ['ʀu:fn̩]
] Eingang ['aɪ̯nˌgaŋ], lang [laŋ]

[p] passen ['pasən],
Apotheke [ˌapo'te:kə]
[ʀ] Reisen ['ʀaɪ̯zn̩], Regen ['ʀe:gn̩]
[ʁ] Ordnung ['ɔʁdnʊŋ], morgen ['mɔʁgŋ̍]
[s] was [vas], Bus [bʊs], groß [gʀo:s]
[ʃ] schauen ['ʃaʊ̯ən], Student [ʃtu'dɛnt],
Ketchup ['kɛʧap]
[t] Tasse ['tasə], Pfund [pfʊnt],
bitte ['bɪtə]
[ʦ] ziehen ['ʦi:ən], Zeit [ʦaɪ̯t]
[ʧ] Chips ['ʧɪps], Dolmetscher ['dɔlmɛʧɐ]
[v] was [vas], Aquamarin [akvama'ʀi:n],
Reservierung [ʀezɛʁ'vi:ʀʊŋ]
[χ] nach [na:χ], buchen ['bu:χn̩]
[z] soll [zɔl], Sonne ['zɔnə]
[ʒ] Ingenieur [ˌɪnʒe'ni̯ø:ɐ̯],
Massage [ma'sa:ʒə]
[ʤ] Manager ['mɛnɪʤɐ], Jeans [ʤi:ns]

---

eitere Symbole

langer Vokal
Hauptakzent
Nebenakzent

Kapitel

موضوع اصلی

فهرست مطالب

Inhaltsverzeichnis

Buchstabieralphabet

	Aussprache	Wort		Aussprache	Wort
	[aː]	Anton	O	[oː]	Otto
	[ɛ]	Ärger	Ö	[ø]	Ökonom
	[beː]	Berta	P	[peː]	Paula
	[tseː]	Cäsar	Q	[kuː]	Quelle
	[deː]	Dora	R	[ɛr]	Richard
	[eː]	Emil	S	[ɛs]	Siegfried
	[ɛfː]	Friedrich	ß	[ɛsˈt͡sɛt]	Eszett
	[geː]	Gustav	T	[teː]	Theodor
	[haː]	Heinrich	U	[uː]	Ulrich
	[iː]	Ida	Ü	[yː]	Übermut
	[jɔt]	Julius	V	[fau]	Viktor
	[kaː]	Kaufmann	W	[veː]	Wilhelm
	[ɛl]	Ludwig	X	[iks]	Xanthippe
	[ɛm]	Martha	Y	[‘ʏpsilɔn]	Ypsilon
	[ɛn]	Nordpol	Z	[tsɛt]	Zacharias

Grundlagen / اصول

Wichtigste Redewendungen - عبارات برای نیازهای اولیه

بسیار متشکرم.
Vielen Dank.
['fi:lən daŋk]

خواهش می کنم.
Nichts zu danken.
[nɪçts tsu: 'daŋkən]

بله.
Ja.
[ja:]

خیر.
Nein.
[naɪ̯n]

لطفاً.
Bitte.
['bɪtə]

متوجه هستم.
Ich verstehe.
[ɪç fɛɐ̯'ʃte:ə]

متوجه نمی شوم.
Ich verstehe nicht.
[ɪç fɛɐ̯'ʃte:ə nɪçt]

مسأله ای نیست.
Das ist in Ordnung.
[das ɪst ɪn 'ɔʁdnʊŋ]

چه مقدار؟
Wie viel?
[vi: fi:l]

چقدر طول می کشد؟
Wie lange?
[vi: 'laŋə]

چقدر راه است؟
Wie weit?
[vi: vaɪ̯t]

از چه کسی باید بپرسم؟
Wen soll ich fragen?
[veːn zɔl ɪç 'fʀaːgn̩]

اول شما.
Nach Ihnen.
[naːχ 'iːnən]

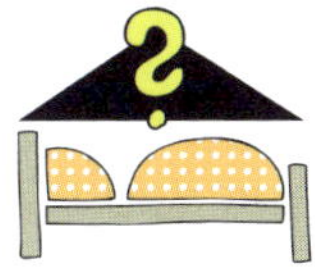

نزدیکترین هتل کجاست؟
Wo ist das nächste Hotel?
[voː ɪst das 'nɛːçstə ho'tɛl]

نزدیکترین رستوران کجاست؟
Wo ist das nächste Restaurant?
[voː ɪst das 'nɛːçstə ʀɛsto'ʀãː]

نزدیکترین سوپرمارکت کجاست؟
Wo ist der nächste Supermarkt?
[voː ɪst deːɐ̯ 'nɛːçstə 'zuːpɐˌmaʁkt]

نزدیکترین بانک کجاست؟
Wo ist die nächste Bank?
[voː ɪst diː 'nɛːçstə baŋk]

نزدیکترین داروخانه کجاست؟
Wo ist die nächste Apotheke?
[voː ɪst diː 'nɛːçstə ˌapo'teːkə]

دیکترین ایستگاه قطار کجاست؟
Wo ist der nächste Bahnho
[voː ɪst deːɐ̯ 'nɛːçstə 'baːnˌhoː

چه کسی؟
Wer?
[ve:ɐ̯]

سرویس بهداشتی کجاست؟
Wo ist die Toilette?
[vo: ɪst di: ˌto̯aˈlɛtə]

چی؟
Was?
[vas]

چرا؟
Warum?
[vaˈʀʊm]

نگاه کنید!
Schauen Sie mal!
[ˈʃau̯ən zi: ma:l]

چه وقت؟
Wann?
[van]

کلمات مفید

Eingang ['aɪ̯nˌgaŋ]	ورود
Ausgang ['au̯sgaŋ]	خروج
Notausgang ['no:tʔau̯sˌgaŋ]	خروج اضطراری
Rauchen verboten ['ʀau̯xn̩ fɛɐ̯'bo:tn̩]	استعمال دخانیات ممنوع است
Ziehen ['ʦi:ən]	فشار دهید
Drücken ['dʀʏkn̩]	بکشید
Damen ['da:mən]	خانم ها
Herren ['hɛʀən]	آقایان
ich [ɪç]	من
du [du:]	تو
Sie [zi:]	شما
ihr [i:ɐ̯]	شماها
wir [vi:ɐ̯]	ما
er [e:ɐ̯]	او
sie [zi:]	او
es [ɛs]	آن
sie [zi:]	آنها

Begrüßung - سلام کردن

بعدازظهر بخیر.
Guten Tag.
[gu:tn̩ ta:k]

سلام!
Hallo!
[ha'lo:]

عصر بخیر.
Guten Abend.
[gu:tn̩ 'a:bn̩t]

صبح بخیر.
Guten Morgen.
[gu:tn̩ 'mɔʁgn̩]

حال شما چه طور است؟
Wie geht's?
[ˌvi: 'ge:ʦ]

اوضاع چه طور است؟
Wie geht es Ihnen?
[vi: ge:t ɛs 'i:nən]

از ملاقات با شما خوشبختم.
Es freut mich, Sie kennen zu lernen.
[ɛs fʀɔɪ̯t mɪç zi: 'kɛnən ʦu: 'lɛʁnən]

Sich verabschieden - خداحافظی کردن

خداحافظ.
Auf Wiedersehen.
[au̯f 'vi:dɐ̯ze:ən]

شب بخیر.
Gute Nacht.
['gu:tə naχt]

بعداً شما را می بینم.
Bis später.
[bɪs 'ʃpɛ:tɐ]

فردا شما را می بینم.
Bis morgen.
[bɪs 'mɔʁgn̩]

این کارت ویزیت من است.
Hier ist meine Visitenkarte.
[hi:ɐ̯ ɪst 'maɪ̯nə vi'zi:tn̩ˌkaʁtə]

این شماره تلفن من است.
Hier ist meine Telefonnummer.
[hi:ɐ̯ ɪst 'maɪ̯nə tele'fo:nˌnʊmɐ]

مواظب خودتان باشید.
Passen Sie auf sich auf.
pasən zi: au̯f zɪç sɪç au̯f]

این شماره فاکس من است.
Hier ist meine Faxnummer.
[hi:ɐ̯ ɪst 'maɪ̯nə 'faksˌnʊmɐ]

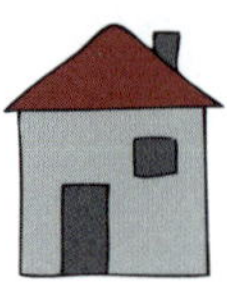

این نشانی پستی من است.
Hier ist meine Anschrift.
hi:ɐ̯ ɪst 'maɪ̯nə 'anʃʁɪft]

این نشانی پست الکترونیکی من است.
Hier ist meine E-Mail-Adresse.
[hi:ɐ̯ ɪst 'maɪ̯nə 'i:meɪl?aˌdʀɛsə]

Einladung - دعوت

آیا می خواهید با من بیایید؟
Möchten Sie mit mir mitkommen?
['mœçtn̩ ziː mɪt miːɐ̯ 'mɪtˌkɔmən]

آیا امشب وقت شما آزاد است؟
Haben Sie heute Abend Zeit?
['haːbən ziː 'hɔɪ̯tə 'aːbn̩t ʦaɪ̯t]

برنامه های شما برای امروز چیست؟
Was machen Sie heute?
[vas 'maχn̩ ziː 'hɔɪ̯tə]

آیا فردا وقت شما آزاد است؟
Haben Sie morgen Zeit?
['haːbən ziː 'mɔʁgŋ̍ ʦaɪ̯t]

آیا دوست دارید برویم برقصیم؟
Möchten Sie tanzen gehen?
['mœçtn̩ ziː 'tanʦn̩ 'geːən]

مایلم با شما در لابی ملاقات کنم.
Wollen wir uns in der Empfangshalle treffen!
['vɔlən viːɐ̯ ʊns ɪn deːɐ̯ ɛm'pfaŋsˌhalə 'tʀɛfn̩]

آیا دوست دارید پیاده روی کنیم؟
Möchten Sie einen Spaziergang machen?
['mœçtn̩ zi: 'aɪ̯nən ʃpa'ʦi:ɐ̯ˌgaŋ 'maχn̩]

آیا دوست دارید به خرید برویم؟
Möchten Sie einkaufen gehen?
['mœçtn̩ zi: 'aɪ̯nˌkaʊ̯fn̩ 'ge:ən]

آیا دوست دارید برای غذا خوردن بیرون برویم؟
Möchten Sie essen gehen?
['mœçtn̩ zi: 'ɛsn̩ 'ge:ən]

آیا دوست دارید برویم نوشیدنی بخوریم؟
Möchten Sie etwas trinken gehen?
['mœçtn̩ zi: 'ɛtvas 'tʀɪŋkn̩ 'ge:ən]

من شما را به یک نوشیدنی دعوت می کنم.
Ich lade Sie auf ein Getränk ein.
[ɪç 'la:də zi: aʊ̯f aɪ̯n gə'tʀɛŋk aɪ̯n]

مهم نیست.
Ich habe nichts dagegen.
[ɪç 'ha:bə nɪçts da'ge:gn̩]

نام من است.
Ich heiße ...
[ɪç 'haɪ̯sə]

نام شما چیست؟
Wie heißen Sie?
[viː 'haɪ̯sn̩ ziː]

چه کسی همراه شماست؟
Mit wem sind Sie hier?
[mɪt veːm zɪnt ziː hiːɐ̯]

من همراه دوست دخترم هستم.
Ich bin mit meiner Freundin hier.
[ɪç bɪn mɪt 'maɪ̯nɐ 'fʁɔɪ̯ndɪn hiːɐ̯]

همراه نامزدم هستم.
Ich bin mit meiner Verlobten hi
[ɪç bɪn mɪt 'maɪ̯nɐ ˌfɛɐ̯'loːptn̩ hiː

من تنها هستم.
Ich bin alleine hier.
[ɪç bɪn a 'laɪ̯nə hiːɐ̯]

من همراه خانمم هستم.
Ich bin mit meiner Frau hier.
[ɪç bɪn mɪt 'maɪ̯nɐ fʁaʊ̯ hiːɐ̯]

من همراه خانواده ام هستم.
Ich bin mit meiner Familie hier.
[ɪç bɪn mɪt 'maɪ̯nɐ ˌfa'mi:li̯ə hi:ɐ̯]

من همراه فرزندانم هستم.
Ich bin mit meinen Kindern hier.
[ɪç bɪn mɪt 'maɪ̯nən 'kɪndɐn hi:ɐ̯]

من ازدواج کرده ام.
Ich bin verheiratet.
[ɪç bɪn fɛɐ̯'haɪ̯ʀa:tət]

من مجرد هستم.
Ich bin ledig.
[ɪç bɪn 'le:dɪç]

من طلاق گرفته ام.
Ich bin geschieden.
[ɪç bɪn gə'ʃi:dn̩]

اهل کجا هستید؟
Woher kommen Sie?
[vo'he:ɐ̯ 'kɔmən zi:]

من دانش آموز هستم.
Ich bin Student.
[ɪç bɪn ʃtu'dɛnt]

من کارگر هستم.
Ich bin Arbeiter.
[ɪç bɪn 'aʁbaɪ̯tɐ]

من تاجر هستم.
Ich bin Geschäftsmann.
[ɪç bɪn gəˈʃɛfts̩ˌman]

من مهندس هستم.
Ich bin Ingenieur.
[ɪç bɪn ˌɪnʒeˈni̯øːɐ̯]

من مدیر هستم.
Ich bin Manager.
[ɪç bɪn ˈmɛnɪdʒɐ]

من برای کار آمده ام.
Ich bin geschäftlich unterwegs.
[ɪç bɪn gəˈʃɛftlɪç ˌʊntɐˈveːks]

من ماه بعد می روم.
Ich fahre nächsten Monat ab.
[ɪç ˈfaːʀə ˈnɛːçstən ˈmoːnat ap]

من برای تعطیلات آمده ام.
Ich bin im Urlaub.
[ɪç bɪn ɪm ˈuːɐ̯ˌlaʊ̯p]

من هفته بعد می روم.
Ich fahre nächste Woche ab.
[ɪç ˈfaːʀə ˈnɛːçstə ˈvɔχə ap]

من برای یک روز اینجا می مانم.
Ich werde einen Tag hier bleiben.
[ɪç ˈveːɐ̯də ˈaɪ̯nən taːk hiːɐ̯ ˈblaɪ̯bm̩]

من برای یک هفته اینجا می مانم.
Ich werde eine Woche hier bleiben.
[ɪç ˈveːɐ̯də ˈaɪ̯nə ˈvɔχə hiːɐ̯ ˈblaɪ̯bm̩]

جالب است.
Das ist interessant.
[das ɪst ˌɪntəʀɛ'sant]

شما سلیقه خوبی برای لباس دارید.
e haben einen sehr guten Geschmack, was Kleidung betrifft.
: 'haːbən 'aɪ̯nən zeːɐ̯ guːtn̩ gə'ʃmak vas 'klaɪ̯dʊŋ bə'tʀɪft]

عالی است.
Das ist großartig.
[das ɪst 'gʀoːsˌʔaːɐ̯tɪç]

موهایت خیلی خوب شده است.
Ihre neue Frisur ist großartig.
'iːʀə 'nɔɪ̯ə ˌfʀi'zuːɐ̯ ɪst 'gʀoːsˌʔaːɐ̯tɪç]

چه جای خوبی است.
Was für ein schöner Ort.
[vas fyːɐ̯ aɪ̯n 'ʃøːnɐ ɔʁt]

خیلی خوش تیپ شدی!
Sie sehen gut aus!
[ziː 'zeːən guːt aʊ̯s]

چه منظره خوبی است.
Was für ein schöner Ausblick.
[vas fyːɐ̯ aɪ̯n 'ʃøːnɐ 'aʊ̯sblɪk]

واقعاً لطف دارید.
Das ist sehr nett von Ihnen.
[das ɪst zeːɐ̯ nɛt fɔn ˈiːnən]

شما بسیار بامحبت هستید.
Sie sind sehr nett.
[ziː zɪnt zeːɐ̯ nɛt]

بسیار سپاسگزارم.
Herzlichen Dank.
[ˈhɛʁʦˌlɪçn̩ˈdaŋk]

امروز به من خوش گذشت، متشکرم.
Es hat mir heute sehr gut gefallen, danke.
[ɛs hat miːɐ̯ ˈhɔɪ̯tə zeːɐ̯ guːt ˌgəˈfalən ˈdaŋkə]

از شما به خاطر زحمتی که کشیدید متشکرم.
Danke für Ihre Mühe.
[ˈdaŋkə fyːɐ̯ ˈiːʀə ˈmyːə]

Entschuldigungen - معذرت خواهی

متأسفم.
Entschuldigung.
[ˌɛntˈʃʊldɪgʊŋ]

لطفاً یک دقیقه صبر کنید.
Einen Augenblick, bitte.
[ˈaɪ̯nən ˈaʊ̯gŋ̍ˌblɪk ˈbɪtə]

می توانم یک لحظه مزاحمتان شوم؟
Kann ich Sie für einen Moment stören?
an ɪç zi: fy:ɐ̯ ˈaɪ̯nən moˈmɛnt ˈʃtø:ʀən]

دفعه بعد جبران می کنم.
Nächstes Mal werde ich es richtig machen.
[ˈnɛ:çstəs ma:l ˈve:ɐ̯də ɪç ɛs ˈʀɪçtɪç ˈmaχn̩]

منظوری نداشتم.
Ich habe es nicht so gemeint.
[ɪç ˈha:bə ɛs nɪçt zo: gəˈmaɪ̯nt]

ببخشید که دیر کردم.
Entschuldigen Sie bitte meine Verspätung.
[ˌɛntˈʃʊldɪgn̩ zi: ˈbɪtə ˈmaɪ̯nə ˌfɛɐ̯ˈʃpɛ:tʊŋ]

تقصیر من است.
Es ist meine Schuld.
[ɛs ɪst ˈmaɪ̯nə ʃʊlt]

Nachfragen - خواهش ها

امکان دارید لطفاً به من کمک کنید؟
Könnten Sie mir bitte helfen?
['kœntn̩ ziː miːɐ̯ 'bɪtə 'hɛlfn̩]

لطفاً عجله کنید.
Bitte beeilen Sie sich.
['bɪtə ˌbə'ʔaɪ̯lən ziː zɪç sɪç]

لطفاً آهسته تر صحبت کنید.
Bitte sprechen Sie langsamer.
['bɪtə 'ʃpʀɛçn̩ ziː 'laŋˌzaːmɐ]

لطفاً یک بار دیگر تکرار کنید.
Sagen Sie das bitte noch einmal.
['zaːgn̩ ziː das 'bɪtə nɔχ 'aɪ̯nmaːl]

ممکن است دوباره تکرار کنید؟
Könnten Sie das wiederholen?
['kœntn̩ ziː das ˌviːdɐ'hoːlən]

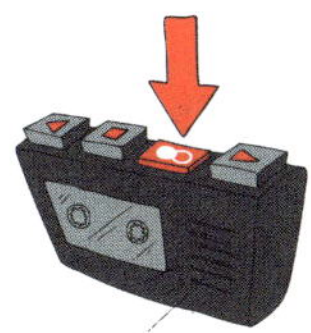

لطفاً اینجا بنویسید.
Bitte schreiben Sie es hier auf.
['bɪtə 'ʃʀaɪ̯bn̩ ziː ɛs hiːɐ̯ aʊ̯f]

آیا متوجه می شوید؟
Verstehen Sie?
[ˌfɛɐ̯'ʃteːən ziː]

با من بیایید!
Kommen Sie mit!
['kɔmən ziː mɪt]

امکان دارد لطفاً این نامه را برای من پست کنید؟
Könnten Sie bitte diesen Brief für mich abschicken?
['kœntn̩ zi: 'bɪtə 'di:zən bʀi:f fy:ɐ̯ mɪç 'apʃɪkn̩]

می توانم به این نگاهی بیاندازم؟
Kann ich mir das mal anschauen?
[kan ɪç mi:ɐ̯ das ma:l 'anʃaʊ̯ən]

می توانم نشانی شما را داشته باشم؟
Kann ich Ihre Adresse haben?
[kan ɪç 'i:ʀə a'dʀɛsə 'ha:bən]

می توانم خودکار شما را قرض بگیر
Kann ich mir Ihren Stift leihen?
[kan ɪç mi:ɐ̯ 'i:ʀən ʃtɪft 'laɪ̯ən]

می توانم شماره تلفن شما را داشته باشم؟
Kann ich Ihre Telefonnummer haben?
[kan ɪç 'i:ʀə tele'fo:nˌnʊmɐ 'ha:bən]

می توانم نشانی پست الکترونیکی شما را داشته باشم؟
Kann ich Ihre E-Mail-Adresse haben?
[kan ɪç 'i:ʀə 'i:meɪ̯lʔaˌdʀɛsə 'ha:bən]

می توانم ماشین شما را قرض بگیرم؟
Kann ich mir Ihr Auto leihen?
[kan ɪç mi:ɐ̯ i:ɐ̯ 'aʊ̯to 'laɪ̯ən]

امکان دارد مرا به مرکز شهر برسانید؟
Können Sie mich in der Innenstadt absetzen?
['kœnən zi: mɪç ɪn de:ɐ̯ 'ɪnənʃtat 'apˌzɛtsn̩]

Gefühle - احساسات

مطمئن نیستم.
Ich bin nicht sicher.
[ɪç bɪn nɪçt 'zɪçɐ]

عالي است!
Das ist wunderbar!
[das ɪst 'vʊndɐˌbaːɐ̯]

افتضاح است!
Das ist schrecklich!
[das ɪst 'ʃʀɛklɪç]

غمگین و افسرده ام.
Ich bin traurig.
[ɪç bɪn 'tʀaʊ̯ʀɪç]

آرام باشید، همه چیز درست می شود.
Beruhigen Sie sich, alles wird gut.
[ˌbə'ʀuːɪgn̩ ziː zɪç sɪç 'aləs vɪʁt guːt]

تعجب آور است!
Was für eine Überraschung!
[vas fyːɐ̯ 'aɪ̯nə ˌyːbɐ'ʀaʃʊŋ]

چه بد!
Das ist aber schade!
[das ɪst 'aːbɐ 'ʃaːdə]

کافی است!
Das reicht!
[das ʀaɪ̯çt]

البته!
Natürlich!
[ˌna'tyːɐ̯lɪç]

Segnen - دعای خیر

کریسمس مبارک!
Frohe Weihnachten!
['fʀoːə 'vaɪ̯ˌnaχtn̩]

تبریک!
Herzliche Glückwünsche!
['hɛʁtslɪçə 'glʏkˌvʏnʃə]

بهترین آرزوها برای تولد شما!
Die besten Wünsche zum Geburtstag!
[diː 'bɛstn̩ 'vʏnʃə tsʊm ˌgə'buːɐ̯tsˌtaːk]

بهترین آرزوها برای شادباش سال نو!
Die besten Wünsche für ein glückliches neues Jahr!
[diː 'bɛstn̩ 'vʏnʃə fyːɐ̯ aɪ̯n 'glʏklɪçəs 'nɔɪ̯əs jaːɐ̯]

موفق باشید!
Viel Glück!
[fiːl glʏk]

اوقات خوبی داشته باشید!
Schönen Tag noch!
['ʃøːnən taːk nɔχ]

سفر خوبی داشته باشید!
Gute Reise!
['guːtə 'ʀaɪ̯zə]

دوباره همدیگر را ببینیم!
Lassen Sie uns wieder treffen!
['lasn̩ ziː ʊns 'viːdɐ 'tʀɛfn̩]

به سلامتی!
Zum Wohl!
[tsʊm voːl]

نوش جان!
Guten Appetit!
[guːtn̩ ape'tiːt]

ساعت چند است؟
Wie spät ist es?
[viː ʃpɛːt ɪst ɛs]

یک ساعت دیگر
in einer Stunde
[ɪn ˈaɪ̯nɐ ˈʃtʊndə]

از چه ساعتی؟
Von wann?
[fɔn van]

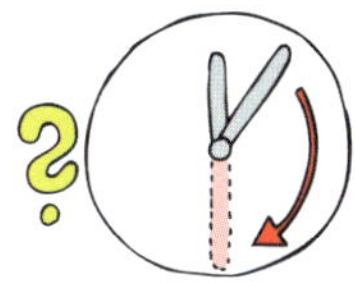

تا چه ساعتی؟
Bis wann?
[bɪs van]

زود است.
Es ist früh.
[ɛs ɪst fʀyː]

چه مدت طول خواهد کشید؟
Wie lange wird es dauern?
[viː ˈlaŋə vɪʁt ɛs ˈdaʊ̯ɐn]

دیر است.
Es ist spät.
[ɛs ɪst ʃpɛːt]

به موقع است.
Es ist rechtzeitig.
[ɛs ɪst ˈʀɛçtˌtsaɪ̯tɪç]

دیر است؟
Ist es schon spät?
[ɪst ɛs ʃoːn ʃpɛːt]

Zeit - زمان

ظهر است.
Es ist Mittag.
[ɛs ɪst 'mɪta:k]

من عصر می روم.
Ich fahre am Abend ab.
[ɪç 'fa:ʀə am 'a:bn̩t ap]

من صبح می روم.
Ich fahre am Morgen ab.
[ɪç 'fa:ʀə am 'mɔʁgŋ̍ ap]

نیمه شب است.
Es ist Mitternacht.
[ɛs ɪst 'mɪtɐ͵naχt]

من بعدازظهر می روم.
Ich fahre am Nachmittag ab.
[ɪç 'fa:ʀə am 'na:χmɪ͵ta:k ap]

فردا چند شنبه است؟
Welcher Tag ist morgen?
['vɛlçɐ ta:k ɪst 'mɔʁgŋ̍]

امروز چند شنبه است؟
Welcher Tag ist heute?
['vɛlçɐ ta:k ɪst 'hɔɪ̯tə]

کلمات مفید

Zeit [tsaɪ̯t]	زمان
Minute [mi'nu:tə]	دقیقه
Stunde ['ʃtʊndə]	ساعت
Nacht [naχt]	شب
Tag [ta:k]	روز
Woche ['vɔχə]	هفته

Zeit - زمان

heute ['hɔɪ̯tə] . . . . امروز
gestern ['gɛstɐn] . . . . دیروز
morgen ['mɔʁgn̩] . . . . فردا
morgen früh ['mɔʁgn̩ fʀy:] . . . . فردا صبح
ein Uhr [aɪ̯n u:ɐ̯] . . . . ساعت یک
zwei Uhr [tsvaɪ̯ u:ɐ̯]. . . . . ساعت دو
drei Uhr [dʀaɪ̯ u:ɐ̯] . . . . ساعت سه
vier Uhr [fi:ɐ̯ u:ɐ̯] . . . . ساعت چهار
fünf Uhr [fʏnf u:ɐ̯]. . . . . ساعت پنج
sechs Uhr [zɛks u:ɐ̯] . . . . ساعت شش
sieben Uhr ['zi:bm̩ u:ɐ̯] . . . . ساعت هفت
acht Uhr [aχt u:ɐ̯]. . . . . ساعت هشت
neun Uhr [nɔɪ̯n u:ɐ̯]. . . . . ساعت نه
zehn Uhr [tse:n u:ɐ̯] . . . . ساعت ده
elf Uhr [ɛlf u:ɐ̯] . . . . ساعت یازده
zwölf Uhr [tsvœlf u:ɐ̯] . . . . ساعت دوازده
vormittags ['fo:ɐ̯mɪˌta:ks] . . . . صبح
nachmittags, abends ['na:χmɪˌta:ks 'a:bn̩ts]. . . . . بعدازظهر
Monat ['mo:nat] . . . . ماه
Januar ['janu̯a:ɐ̯] . . . . ژانویه
Februar ['fe:bʀua:ɐ̯] . . . . فوریه
März [mɛʁts] . . . . مارس
April [a'pʀɪl]. آوریل
Mai [maɪ̯] . . . . مه
Juni ['ju:ni] . . . . ژوئن
Juli ['ju:li] . . . . جولای
August [au̯'gʊst] . . . . اوت
September [zɛp'tɛmbɐ] . . . . سپتامبر
Oktober [ɔk'to:bɐ] . . . . اکتبر
November [no'vɛmbɐ] . . . . نوامبر
Dezember [de'tsɛmbɐ] . . . . دسامبر
Jahr [ja:ɐ̯]. . . . . سال
Frühling ['fʀy:lɪŋ] . . . . بهار
Sommer ['zɔmɐ] . . . . تابستان
Herbst [hɛʁpst]. . . . . پاییز
Winter ['vɪntɐ] . . . . زمستان

امروز هوا چطور است؟
Wie ist das Wetter heute?
[vi: ɪst das 'vɛtɐ 'hɔɪ̯tə]

امروز هوا خوب است.
Das Wetter ist heute gut.
[das 'vɛtɐ ɪst 'hɔɪ̯tə gu:t]

امروز هوا بد است.
Das Wetter ist heute schlecht.
[das 'vɛtɐ ɪst 'hɔɪ̯tə ʃlɛçt]

امروز هوا گرم است.
Heute ist es warm.
['hɔɪ̯tə ɪst ɛs vaʁm]

امروز هوا سرد است.
Heute ist es kalt.
['hɔɪ̯tə ɪst ɛs kalt]

روز خوبی است.
Was für ein schöner Tag.
[vas fy:ɐ̯ aɪ̯n 'ʃø:nɐ ta:k]

باران می آید.
Es regnet.
[ɛs 'rɛɲnət]

برف می آید.
Es schneit.
[ɛs 'ʃnaɪ̯t]

کلمات مفید

Schnee [ʃne:] . . . . برف
Regen ['ʀe:gn̩] . . . . باران
Sonne ['zɔnə]. . . . . خورشید
Nebel ['ne:bl̩] . . . . مه
Wind [vɪnt] . . . . باد
Gewitter [gə'vɪtɐ]. . . . . توفان رعد و برق
Sturm [ʃtʊʁm]. . . . . توفان
raues Wetter [ʀaʊ̯əs 'vɛtɐ] . . . . هوای خراب
Hitze ['hɪtsə] . . . . گرما

Wochentage - روزهای هفته

دوشنبه
Montag
['moːnˌtaːk]

سه شنبه
Dienstag
['diːnsˌtaːk]

چهارشنبه
Mittwoch
['mɪtvɔχ]

پنج شنبه
Donnerstag
['dɔnɐsˌtaːk]

جمعه
Freitag
['fʀaɪ̯taːk]

شنبه
Samstag/Sonnabend
['zamsˌtaːk/'zɔnˌʔaːbn̩t]

یکشنبه
Sonntag
['zɔnˌtaːk]

null [nʊl]	صفر
eins [aɪ̯ns]	یک
zwei [ʦvaɪ̯]	دو
drei [dʀaɪ̯]	سه
vier [fiːɐ̯]	چهار
fünf [fʏnf]	پنج
sechs [zɛks]	شش
sieben ['ziːbm̩]	هفت
acht [aχt]	هشت
neun [nɔɪ̯n]	نه
zehn [ʦeːn]	ده
elf [ɛlf]	یازده
zwölf [tsvœlf]	دوازده
dreizehn ['dʀaɪ̯ʦeːn]	سیزده
vierzehn ['fɪʁʦeːn]	چهارده
fünfzehn ['fʏnfʦeːn]	پانزده
sechzehn ['zɛçʦeːn]	شانزده
siebzehn ['ziːptseːn]	هفده
achtzehn ['aχʦeːn]	هجده
neunzehn ['nɔɪ̯nʦeːn]	نوزده
zwanzig ['ʦvanʦɪç]	بیست
einundzwanzig ['aɪ̯nʔʊnt'ʦvanʦɪç]	بیست و یک
dreißig ['dʀaɪ̯sɪç]	سی
vierzig ['fɪʁʦɪç]	چهل
fünfzig ['fʏnfʦɪç]	پنجاه
sechzig ['zɛçʦɪç]	شصت
siebzig ['ziːpʦɪç]	هفتاد
achtzig ['aχʦɪç]	هشتاد
neunzig [nɔɪ̯nʦɪç]	نود
hundert ['hʊndɐt]	صد
zweihundert ['ʦvaɪ̯ˌhʊndɐt]	دویست
fünfhundert ['fʏnf'hʊndɐt]	پانصد

0 5 14 19

1.000

هزار
tausend
['taʊ̯zn̩t]

100 500

1.000.000

میلیون
Million
[mɪ'li̯oːn]

1.000.000.000

میلیارد
Milliarde
[mɪ'li̯aʁdə]

Reisen

سفر

Zoll - گمرک

بفرمایید این گذرنامه من است.
Hier ist mein Reisepass.
[hiːɐ̯ ɪst maɪ̯n ˈʁaɪ̯zəˌpas]

این اولین سفر من است.
Das ist mein erster Besuch.
[das ɪst maɪ̯n ˈeːɐ̯stɐ bəˈzuːχ]

لطفاً به من نشان دهید چطور این فرم را پر کنم.
Bitte zeigen Sie mir, wie man dieses Formular ausfüllt.
[ˈbɪtə ˈt͡saɪ̯ɡn̩ ziː miːɐ̯ viː man ˈdiːzəs ˌfɔʁmuˈlaːɐ̯ ˈaʊ̯sˌfʏlt]

بفرمایید این ویزای من است.
Hier ist mein Visum.
[hiːɐ̯ ɪst maɪ̯n ˈviːzʊm]

من تنها هستم.
Ich bin alleine hier.
[ɪç bɪn aˈlaɪ̯nə hiːɐ̯]

من با یک گروه هستم.
Ich bin mit einer Gruppe hier.
[ɪç bɪn mɪt ˈaɪ̯nɐ ˈɡʁʊpə hiːɐ̯]

من با خانواده ام هستم.
Ich bin mit meiner Familie hier.
[ɪç bɪn mɪt ˈmaɪ̯nɐ ˌfaˈmiːli̯ə hiːɐ̯]

ممکن است لطفاً گذرنامه مرا مهر کنید؟
Würden Sie bitte meinen Reisepass abstempeln?
[ˈvʏʁdən ziː ˈbɪtə ˈmaɪ̯nən ˈʁaɪ̯zəˌpas ˈapʃtɛmpl̩n]

Zoll - گمرک

من فقط وسایلی برای استفاده شخصی دارم.
Ich habe nur persönliche Sachen.
[ɪç 'ha:bə nu:ɐ̯ ˌpɛɐ̯'zø:nlɪçə 'zaχn̩]

بفرمایید این اظهارنامه من است.
Hier ist meine Zollerklärung.
[hi:ɐ̯ ɪst 'maɪ̯nə 'ʦɔlɛɐ̯ˌklɛ:ʀʊŋ]

من قصد دارم چند هفته بمانم.
Ich habe vor, ein paar Wochen hier zu bleiben.
[ɪç 'ha:bə fo:ɐ̯ aɪ̯n pa:ɐ̯ 'vɔχn̩ hi:ɐ̯ ʦu: 'blaɪ̯bm̩]

ممکن است یک فرم گمرکی دیگر به من بدهید؟
Kann ich noch ein Zollformular bekommen?
[kan ɪç nɔχ aɪ̯n 'ʦɔlfɔʁmuˌla:ɐ̯ ˌbə'kɔmən]

این مجوز ترانزیت من است.
Das ist mein Transitvisum.
[das ɪst maɪ̯n tʀan'zi:tˌvi:zʊm]

من چیزی برای اظهار ندارم.
Ich habe nichts zu verzollen.
[ɪç 'ha:bə nɪçts ʦu: ˌfɛɐ̯'ʦɔlən]

کلمات مفید

Zoll [ʦɔl] . . . . گمرک
Grenzübergang ['gʀɛnʦ?y:beˌgaŋ]. . . . . عبور از مرز
Grüner Korridor ['gʀy:nɐ 'kɔʀido:ɐ̯] . . . . خط سبز
Roter Korridor ['ʀo:tɐ 'kɔʀido:ɐ̯] . . . . خط قرمز
Nichts zu verzollen [nɪçʦ ʦu: fɛɐ̯'ʦɔlən]. . . . . چیزی برای اظهار وجود ندارد
Waren zu verzollen ['va:ʀən ʦu: fɛɐ̯'ʦɔlən] . . . . کالاهای برای اظهار
Duty Free Shop ['dju:ti fɹi: ʃɔp] . . . . فروشگاه معاف از حقوق گمرکی

Touristen-Information - اطلاعات جهانگردان

دفتر صرافی کجاست؟
Wo ist die Wechselstube?
[vo: ɪst di: ˈvɛksl̩ʃtu:bə]

مرکز اجاره اتومبیل کجاست؟
Wo ist der Autoverleih?
[vo: ɪst de:ɐ̯ ˈaʊ̯tofɛɐ̯ˌlaɪ̯]

اتوبوس ها کجا هستند؟
Wo ist die Bushaltestelle?
[vo: ɪst di: ˈbʊshaltəˌʃtɛlə]

تاکسی ها کجا هستند؟
Wo ist der Taxistand?
[vo: ɪst de:ɐ̯ ˈtaksiˌʃtant]

عوض کردن قطار یا اتوبوس چقدر طول می کشد؟
Wie lange muss ich auf den Anschluss warten?
[vi: ˈlaŋə mʊs ɪç aʊ̯f de:n ˈanʃlʊs ˈvaʁtən]

آیا می توانم اینجا یک اتاق هتل رزرو کنم؟
Kann ich hier ein Hotelzimmer reservieren?
[kan ɪç hi:ɐ̯ aɪ̯n hoˈtɛlˌtsɪmɐ ˌʀezɛʁˈvi:ʀən]

کجا می توانم سوار اتوبوس خطی شوم؟
Wo hält der Shuttlebus?
[vo: hɛlt de:ɐ̯ ˈʃʌtl̩ˌbʊs]

لطفاً مرا ببرید اینجا.
Bringen Sie mich bitte hierhin.
[ˈbʀɪŋən zi: mɪç ˈbɪtə ˈhi:ɐ̯hɪn]

آیا این پرواز یکسره است؟
Ist das ein Direktflug?
[ɪst das aɪ̯n di'ʀɛktˌflu:k]

آیا این قطار سریع السیر است؟
Ist das ein Expresszug?
[ɪst das aɪ̯n ɛks'pʀɛsˌʦu:k]

آیا این پرواز بدون توقف است؟
Ist das ein Nonstopp-Flug?
[ɪst das aɪ̯n 'nɔnʃtɔpˌflu:k]

آیا در پرواز جای خالی هست؟
Gibt es noch Plätze auf dem Flug?
[gi:pt ɛs nɔχ 'plɛʦə aʊ̯f de:m flu:k]

آیا در قطار جای خالی هست؟
Gibt es noch Plätze in dem Zug?
[gi:pt ɛs nɔχ 'plɛʦə ɪn de:m ʦu:k]

آیا در اتوبوس جای خالی هست؟
Gibt es noch Plätze in dem Bus?
[gi:pt ɛs nɔχ 'plɛʦə ɪn de:m bʊs]

هر چند وقت یکبار پرواز هست؟
Wie oft gehen die Flüge?
[vi: ɔft 'ge:ən di: 'fly:gə]

هر چند وقت یکبار قطار هست؟
Wie oft fahren die Züge?
[vi: ɔft 'fa:ʀən di: 'ʦy:gə]

هر چند وقت یکبار اتوبوس هست؟
Wie oft fahren die Busse?
[vi: ɔft 'fa:ʀən di: 'bʊsə]

چطور می توانم از اینجا به این محل بروم؟
Wie kann ich von hier zu diesem Ort kommen?
[vi: kan ɪç fɔn hi:ɐ̯ ʦu: 'di:zəm ɔʁt 'kɔmən]

آیا باید هواپیما عوض کنم؟
Muss ich von einem Flugzeug in ein anderes umsteigen?
[mʊs ɪç fɔn 'aɪ̯nəm 'flu:kˌʦɔɪ̯k ɪn aɪ̯n 'anˌdərəs 'ʊmˌʃtaɪ̯gən]

من می خواهم یک جا در این پرواز رزرو کنم.
Ich würde gerne einen Platz in diesem Flugzeug reservieren.
'vʏʁdə 'gɛʁnə 'aɪ̯nən plaʦ ɪn 'di:zəm 'flu:kˌʦɔɪ̯k ˌʀezɛʁ'vi:ʀən]

آیا باید قطار عوض کنم؟
Muss ich von einem Zug in einen anderen umsteigen?
[mʊs ɪç fɔn 'aɪ̯nəm ʦu:k ɪn 'aɪ̯nən 'anˌdəʀən 'ʊmˌʃtaɪ̯gən]

آیا باید اتوبوس عوض کنم؟
Muss ich von einem Bus in einen anderen umsteigen?
[mʊs ɪç fɔn 'aɪ̯nəm bʊs ɪn 'aɪ̯nən 'anˌdəʀən 'ʊmˌʃtaɪ̯gən]

من می خواهم یک جا در این قطار رزرو کنم.
Ich würde gerne einen Platz in diesem Zug reservieren.
[ɪç 'vʏʁdə 'gɛʁnə 'aɪ̯nən plaʦ ɪn 'di:zəm ʦu:k ˌʀezɛʁ'vi:ʀən]

من می خواهم یک جا در این اتوبوس رزرو کنم.
Ich würde gerne einen Platz in diesem Bus reservieren.
[ɪç 'vʏʁdə 'gɛʁnə 'aɪ̯nən plaʦ ɪn 'di:zəm bʊs ˌʀezɛʁ'vi:ʀən]

قیمت بلیط چقدر است؟
Was kostet das Ticket?
[vas 'ko:stət das 'tɪkət]

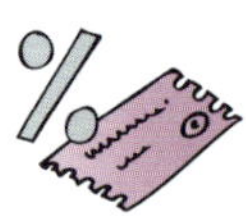

آیا نرخ پایین تری وجود دارد؟
Gibt es irgendwelche ermäßigte Tarife?
[gi:pt ɛs 'ɪʁgn̩tˌvɛlçə ˌɛɐ̯'mɛ:sɪçtə ˌta'ʀi:fə]

یک بلیط بیزینس کلاس لطفاً.
Ein Businessclass-Ticket, bitte.
[aɪ̯n ˈbɪznɪsklaːsˌtɪkət ˈbɪtə]

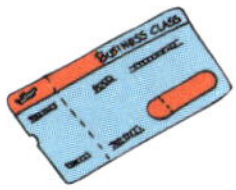

یک بلیط اکانومی کلاس لطفاً.
Ein Economyclass-Ticket, bitte.
[aɪ̯n iˈkɔnəmiklaːsˌtɪkət ˈbɪtə]

یک بلیط رفت و برگشت لطفاً.
Eine Rückfahrkarte, bitte.
[ˈaɪ̯nə ˈʀʏkfaːɐ̯ˌkaʁtə ˈbɪtə]

یک بلیط یکسره لطفاً.
Eine einfache Fahrkarte, bitte.
[ˈaɪ̯nə ˈaɪ̯nˌfaχə ˈfaːɐ̯ˌkaʁtə ˈbɪtə]

چقدر زودتر باید در فرودگاه باشم؟
Wie früh muss ich am Flughafen sein?
[viː fʀyː mʊs ɪç am ˈfluːkˌhaːfn̩ zaɪ̯n]

چقدر زودتر باید در ایستگاه باشم؟
Wie früh muss ich am Bahnhof sein?
[viː fʀyː mʊs ɪç am ˈbaːnˌhoːf zaɪ̯n]

چه ساعتی باید برای سوار شدن اقدام کنم؟
Um wie viel Uhr soll ich einchecken?
[ʊm viː fiːl uːɐ̯ zɔl ɪç ˈaɪ̯nˌʧɛkn̩]

چه ساعتی پرواز حرکت می کند؟
Um wie viel Uhr geht der Flug?
[ʊm viː fiːl uːɐ̯ geːt deːɐ̯ fluːk]

چه ساعتی قطار حرکت می کند؟
Um wie viel Uhr fährt der Zug?
[ʊm viː fiːl uːɐ̯ fɛːɐ̯t deːɐ̯ t͡suːk]

چه ساعتی اتوبوس حرکت می کند؟
Um wie viel Uhr fährt der Bus?
[ʊm viː fiːl uːɐ̯ fɛːɐ̯t deːɐ̯ bʊs]

من باری ندارم.
Ich habe kein Gepäck.
[ɪç 'haːbə kaɪ̯n gə'pɛk]

چقدر بار می توانم داشته باشم؟
Wie viel Gepäck kann ich mitnehmen?
[viː fiːl gə'pɛk kan ɪç 'mɪtˌneːmən]

من می خواهم رزروم را باطل کنم.
Ich möchte meine Reservierung stornieren.
[ɪç 'mœçtə 'maɪ̯nə ˌʀezɛʁ'viːʀʊŋ ʃtɔʁ'niːʀən]

من می خواهم رزروم را تغییر دهم.
Ich möchte meine Reservierung ändern.
ç 'mœçtə 'maɪ̯nə ˌʀezɛʁ'viːʀʊŋ 'ɛndən]

من می خواهم رزروم را تأیید کنم.
Ich möchte meine Reservierung bestätigen.
[ɪç 'mœçtə 'maɪ̯nə ˌʀezɛʁ'viːʀʊŋ ˌbə'ʃtɛːtɪgən]

چه ساعتی خواهیم رسید؟
Um wie viel Uhr kommen wir an?
[ʊm viː fiːl uːɐ̯ 'kɔmən viːɐ̯ an]

کجا باید کارت پرواز بگیرم؟
Wo ist das Check-in?
[voː ɪst das 'tʃɛkɪn]

پرواز از کدام گیت است؟
Von welchem Flugsteig geht dieser Flug?
[fɔn 'vɛlχəm 'fluːkʃtaɪ̯k geːt 'diːzɐ fluːk]

لطفاً چمدانهای مرا به هتلم بفرستید.
Schicken Sie bitte mein Gepäck zum Hotel.
['ʃɪkn̩ ziː 'bɪtə maɪ̯n gə'pɛk tsʊm ho'tɛl]

هزینه اضافه بار چقدر است؟
Wie hoch ist die Gebühr für Übergepäck?
['aɪ̯nə 'aɪ̯nˌfaχə 'faːɐ̯ˌkaʁtə 'bɪtə]

سوار کردن مسافران کی شروع می شود؟
Um wie viel Uhr kann man an Bord gehen?
[ʊm viː fiːl uːɐ̯ kan man an bɔʁt 'geːən]

Flugabfertigung - ثبت برای پرواز

آیا تأخیر خواهد داشت؟
Gibt es Verspätungen?
[giːpt ɛs ˌfɛɐ̯ˈʃpɛːtʊŋən]

آیا این پرواز رأس ساعت خواهد بود؟
Wird dieser Flug rechtzeitig starten?
[vɪʁt ˈdiːzɐ fluːk ˈʁɛçtˌt͡saɪ̯tɪç ˈʃtaʁtn̩]

لطفاً یک صندلی کنار راهرو به من بدهید.
Ich hätte gerne einen Platz am Gang bitte.
[ɪç ˈhɛtə ˈɡɛʁnə ˈaɪ̯nən plat͡s am ɡaŋ ˈbɪtə]

لطفاً یک صندلی کنار پنجره به من بدهید.
Ich hätte gerne einen Fensterplatz bitte.
[ɪç ˈhɛtə ˈɡɛʁnə ˈaɪ̯nən ˈfɛnstɐˌplat͡s ˈbɪtə]

آیا می توانیم در فرودگاه خرید کنیم؟
Können wir in diesem Flughafen einkaufen gehen?
[ˈkœnən viːɐ̯ ɪn ˈdiːzəm ˈfluːkˌhaːfn̩ ˈaɪ̯nˌkaʊ̯fn̩ ˈɡeːən]

به چه پولی است؟
In welcher Währung ist das?
[ɪn ˈvɛlçɐ ˈvɛːʁʊŋ ɪst das]

ا باید برای کالاهایی که اینجا خریدم حقوق گمرگی پرداخت کنم؟
Muss ich für die hier gekauften Waren Zoll bezahlen
[mʊs ɪç fy:ɐ̯ di: hi:ɐ̯ ˌgə'kau̯ftn̩ 'va:ʀən ʦɔl ˌbə'ʦa:lən

لطفاً به من رسید بدهید.
Bitte geben Sie mir eine Quittung.
['bɪtə 'ge:bn̩ zi: mi:ɐ̯ 'aɪ̯nə 'kvɪtʊŋ]

آیا می توانم با چک مسافرتی پرداخت کنم؟
Kann ich mit Reiseschecks bezahlen?
[kan ɪç mɪt 'ʀaɪ̯zəʃɛks ˌbə'ʦa:lən]

آیا می توانم با یورو پرداخت کنم؟
Kann ich mit Euro bezahlen?
[kan ɪç mɪt 'ɔɪ̯ʀo ˌbə'ʦa:lən]

کلمات مفید

Ankunft ['ankʊnft]. . . . . پروازهای ورودی
Abflug ['apˌflu:k] . . . . پروازهای خروجی
Sicherheitscheck ['zɪçɐhaɪ̯tsˌʧɛk] . . . . بازرسی امنیتی
Passkontrolle ['paskɔnˌtʀɔlə]. . . . . .کنترل گذرنامه
Flugsteig ['flu:kʃtaɪ̯k] . . . . .گیت
verspätet [fɛɐ̯'ʃpɛ:tət]. . . . . تأخیر دارد
gelandet [gə'landət] . . . . .به زمین نشست
gestrichen [gə'ʃtʀɪçn̩]. . . . . .لغو شد
Flug [flu:k] . . . . .پرواز
Flugnummer ['flu:kˌnʊmɐ] . . . . .شماره پرواز
Bordkarte ['bɔʁtˌkaʁtə] . . . . .کارت پرواز

من نمی توانم اثاثیه ام را پیدا کنم.
Ich kann mein Gepäck nicht finden.
[ɪç kan maɪ̯n gəˈpɛk nɪçt ˈfɪndn̩]

از کجا می توانم اثاثیه ام را بگیرم؟
Wo kann ich mein Gepäck bekommen?
[voː kan ɪç maɪ̯n gəˈpɛk ˌbəˈkɔmən]

صندوق های اثاثیه کجاست؟
Wo sind die Gepäckschließfächer?
[voː zɪnt diː gəˈpɛkʃliːsˌfɛçɐ]

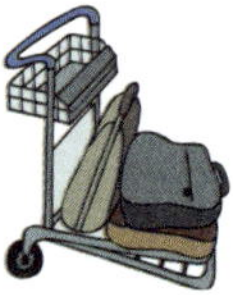

چرخ دستی های بار کجاست؟
Wo sind die Gepäckwagen?
[voː zɪnt diː gəˈpɛkˌvaːgn̩]

وقتی اثاثیه ام را تحویل دادم رسید نگرفتم.
Ich habe beim Einchecken keinen Gepäckschein bekommen.
[ɪç ˈhaːbə baɪ̯m ˈaɪ̯nˌʧɛkn̩ ˈkaɪ̯nən gəˈpɛkʃaɪ̯n ˌbəˈkɔmən]

وسایل من شکسته است و بعضی چیزهای من گم شده است.
Mein Gepäck ist beschädigt, und einige Sachen fehlen.
[maɪ̯n gəˈpɛk ɪst ˌbəˈʃɛːdɪçt ʊnt ˈaɪ̯nɪgə ˈzaχn̩ ˈfeːlən]

این اثاثیه من است.
Das ist mein Gepäck.
[das ɪst maɪ̯n gəˈpɛk]

این صندلی کجاست؟
Wo ist dieser Platz?
[vo: ɪst 'di:zɐ plats]

امکان دارد جایم را با شما عوض کنم؟
Kann ich den Platz mit Ihnen tauschen?
[kan ɪç de:n plats mɪt 'i:nən 'tau̯ʃn̩]

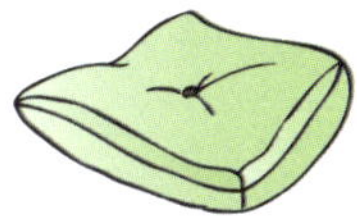

آیا ممکن است یک بالش برای من بگیرید؟
Würden Sie mir bitte ein Kopfkissen holen?
['vʏʁdən zi: mi:ɐ̯ 'bɪtə aɪ̯n 'kɔpfˌkɪsn̩ 'ho:lən]

لطفاً یک کیسه استفراغ به من بدهید.
Eine Spucktüte, bitte.
['aɪ̯nə 'ʃpʊkˌty:tə 'bɪtə]

لطفاً یک بطری آبجو به من بدهید.
Bitte geben Sie mir eine Flasche Bier.
['bɪtə 'ge:bn̩ zi: mi:ɐ̯ 'aɪ̯nə 'flaʃə bi:ɐ̯]

لطفاً یک لیوان شراب به من بدهید.
Bitte geben Sie mir ein Glas Wein.
['bɪtə 'ge:bn̩ zi: mi:ɐ̯ aɪ̯n gla:s vaɪ̯n]

آیا ممکن است یک نوشیدنی دیگر به من بدهید؟
Kann ich noch ein Getränk bekommen?
[kan ɪç nɔχ aɪ̯n gə'tʀɛŋk ˌbə'kɔmən]

من می خواهم غذا سفارش بدهم.
Ich möchte etwas zu essen bestellen.
[ɪç 'mœçtə 'ɛtvas tsu: 'ɛsn̩ ˌbə'ʃtɛlən]

من چای می خواهم، لطفاً.
Ich hätte gerne einen Tee, bitte.
[ɪç ˈhɛtə ˈɡɛʁnə ˈaɪ̯nən teː ˈbɪtə]

من قهوه می خواهم، لطفاً.
Ich hätte gerne einen Kaffee, bitte.
[ɪç ˈhɛtə ˈɡɛʁnə ˈaɪ̯nən ˈkafe ˈbɪtə]

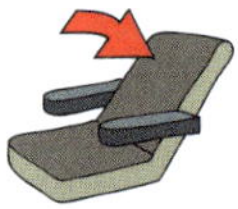

آیا ممکن است پشت صندلیم را بخوابانم؟
Kann ich meinen Sitz zurückstellen?
[kan ɪç ˈmaɪ̯nən zɪʦ ʦuˈʀʏkˌʃtɛlən]

هواپیما کی بلند می شود؟
Wann wird das Flugzeug abfliegen?
[van vɪʁt das ˈfluːkˌʦɔɪ̯k ˈapˌfliːɡn̩]

هواپیما کی می نشیند؟
Wann wird das Flugzeug landen?
[van vɪʁt das ˈfluːkˌʦɔɪ̯k ˈlandn̩]

چقدر تأخیر خواهد داشت؟
Wie groß wird die Verspätung sein?
[viː ɡʀoːs vɪʁt diː ˌfɛɐ̯ˈʃpɛːtʊŋ zaɪ̯n]

حالم خوب نیست.
Mir ist schlecht.
[miːɐ̯ ɪst ʃlɛçt]

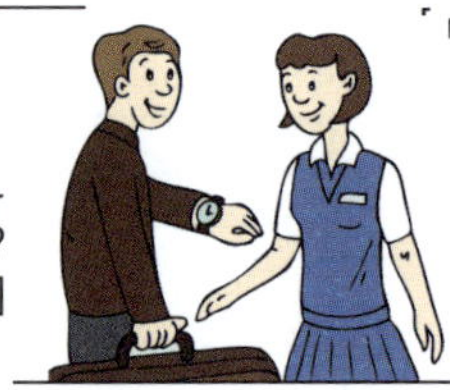

چه مدت اینجا توقف خواهیم داشت؟
Wie lange haben wir hier Aufenthalt?
[viː ˈlaŋə ˈhaːbən viːɐ̯ hiːɐ̯ ˈaʊ̯fʔɛnthalt]

کلمات مفید

Bitte anschnallen. [ˈbɪtə ˈanʃnalən] . . . . کمربندهای خود را ببندید.
Sauerstoffmaske [ˈzaʊ̯ɐʃtɔfmaskə]. . . . . ماسک اکسیژن
Toilette [to̯aˈlɛtə] . . . . دستشویی

ممکن است یک برنامه حرکت به من بدهید؟
Könnte ich einen Fahrplan bekommen?
['kœntə ɪç 'aɪ̯nən 'faːɐ̯ˌplaːn ˌbə'kɔmən]

آیا این برنامه حرکت فعلی اتوبوس است؟
Ist dieser Busfahrplan aktuell?
[ɪst 'diːzɐ 'bʊsˌfaːɐ̯plaːn ak'tu̯ɛl]

آیا این برنامه حرکت فعلی قطار است؟
Ist dieser Zugfahrplan aktuell?
[ɪst 'diːzɐ 'ʦuːkˌfaːɐ̯plaːn ak'tu̯ɛl]

اتوبوس را از دست دادم. بعدی کی حرکت می کند؟
Ich habe den Bus verpasst. Wann fährt der nächste a
[ɪç 'haːbə deːn bʊs fɛɐ̯'past van fɛːɐ̯t deːɐ̯ 'nɛːçstə a

آیا در قطار واگن رستوران هست؟
Gibt es hier einen Speisewagen?
[giːpt ɛs hiːɐ̯ 'aɪ̯nən 'ʃpaɪ̯zəˌvaːgn̩]

آیا این قطار مستقیم است؟
Ist das ein direkter Zug?
[ɪst das aɪ̯n ˌdi'ʀɛktɐ ʦuːk]

قطار چقدر اینجا توقف دارد؟
Wie lange hält der Zug hier?
[viː 'laŋə hɛlt deːɐ̯ ʦuːk hiːɐ̯]

Zug/Bus - قطار/اتوبوس

جای من در کدام واگن است؟
In welchem Wagen ist mein Platz?
[ɪn 'vɛlχəm 'va:gn̩ ɪst mai̯n plaʦ]

جای من کجاست؟
Wo ist mein Sitzplatz?
[vo: ɪst mai̯n 'zɪʦˌplaʦ]

کوپه من کجاست؟
Wo ist mein Abteil?
[vo: ɪst mai̯n ap'tai̯l]

آیا اینجا جای کسی است؟
Ist dieser Platz besetzt?
[ɪst 'di:ze plaʦ bə'zɛʦt]

فکر می کنم اینجا جای من است.
Ich glaube, das ist mein Platz.
[ɪç 'glau̯bə das ɪst mai̯n plaʦ]

توقف بعدی کجاست؟
Wo ist die nächste Haltestelle?
[vo: ɪst di: ˈnɛ:çstə ˈhaltəʃtɛlə]

کدام ایستگاه باید پیاده شوم؟
An welcher Haltestelle soll ich aussteigen?
[an ˈvɛlçɐ ˈhaltəʃtɛlə zɔl ɪç ˈaʊ̯sʃtaɪ̯gən]

چند ایستگاه از اینجا؟
Wie viele Haltestellen sind es von hier?
[vi: ˈfi:lə ˈhaltəʃtɛlən zɪnt ɛs fɔn hi:ɐ̯]

لطفاً اینجا بایستید.
Bitte halten Sie hier an.
[ˈbɪtə ˈhaltn̩ zi: hi:ɐ̯ an]

اتوبوس چقدر اینجا توقف دارد؟
Wie lange hält der Bus hier?
[vi: ˈlaŋə hɛlt de:ɐ̯ bʊs hi:ɐ̯]

کلمات مفید

Gepäckfach [gəˈpɛkfaχ] . . . جای اثاثیه مسافر
Abteil [apˈtaɪ̯l] . . . کوپه
Wagen [ˈva:gn̩] . . . واگن
Bestimmungsort [bəˈʃtɪmʊŋsˌʔɔʁt] . . . مقصد
Abfahrtszeit [ˈapfa:ɐ̯tsˌtsaɪ̯t] . . . زمان حرکت
Strecke [ˈʃtʀɛkə] . . . خط راه آهن
Wartesaal [ˈvaʁtəˌza:l] . . . سالن انتظار
Zu den Zügen [tsu: de:n ˈtsy:gn̩] . . . به سمت سکوها
Fundbüro [ˈfʊntbyʀo] . . . دفتر اشیاء پیدا شده
Notbremse [ˈno:tˌbʀɛmzə] . . . ترمز اضطراری
Alarm [aˈlaʁm] . . . آژیر
Bedarfshaltestelle [bəˈdaʁfsˌhaltəʃtɛlə] . . . درخواست توقف
Nachtbus [ˈnaχtˌbʊs] . . . اتوبوس شبانه

Fähre/Schiff - فری/قایق

بارانداز کجاست؟
Wo ist der Kai?
[voː ɪst deːɐ̯ kaɪ̯]

کجا می توانم سوار کشتی شوم؟
Wo kann ich an Bord des Schiffes gehen?
[voː kan ɪç an bɔʁt dɛs 'ʃɪfəs 'geːən]

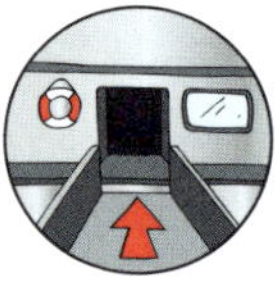

کشتی چه ساعتی راه می افتد؟
Um wie viel Uhr fährt das Schiff ab?
[ʊm viː fiːl uːɐ̯ fɛːɐ̯t das ʃɪf ap]

کشتی چه ساعتی پهلو می گیرد؟
Um wie viel Uhr kommt das Schiff an?
[ʊm viː fiːl uːɐ̯ kɔmt das ʃɪf an]

آیا ممکن است لطفاً کابین مرا نشانم دهید؟
Könnten Sie mir bitte den Weg zu meiner Kabine zeigen?
['kœntn̩ ziː miːɐ̯ 'bɪtə deːn veːk t͡suː 'maɪ̯nɐ ˌka'biːnə 't͡saɪ̯gn̩]

کلمات مفید

Rettungsboot ['ʀɛtʊŋsˌboːt] . . . . قایق نجات
Rettungsweste ['ʀɛtʊŋsˌvɛstə] . . . . جلیقه نجات
Kabine [ka'biːnə] . . . . کابین
Deck [dɛk] . . . . عرشه
oberes Deck ['oːbəʀəs dɛk] . . . . عرشه بالا
unteres Deck ['ʊntəʀəs dɛk] . . . . عرشه پایین

Hotel

هتل

من یک اتاق می خواهم.
Ich hätte gerne ein Zimmer.
ç 'hɛtə 'gɛʁnə aɪ̯n 'ʦɪmɐ]

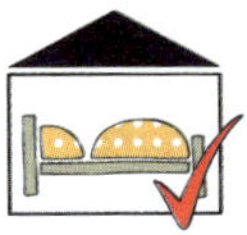

من اتاق رزرو کرده ام.
Ich habe reserviert.
[ɪç 'haːbə ˌʁezɛʁ'viːɐ̯t]

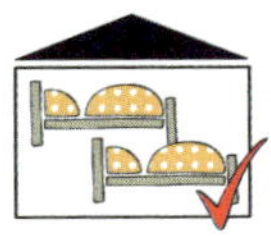

رزرو اتاق برای من و خانواده ام انجام شده است.
Es ist für mich und meine Familie reserviert worden.
s ɪst fyːɐ̯ mɪç ʊnt 'maɪ̯nə ˌfa'miːli̯ə ˌʁezɛʁ'viːɐ̯t 'vɔʁdən]

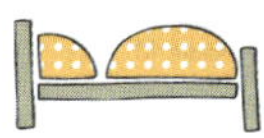

من یک اتاق یک نفره می خواهم.
Ich hätte gerne ein Einzelzimmer.
[ɪç 'hɛtə 'gɛʁnə aɪ̯n 'aɪ̯nʦl̩ˌʦɪmɐ]

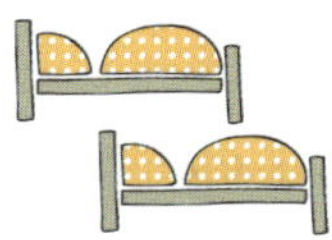

من یک اتاق دونفره می خواهم.
Ich hätte gerne ein Doppelzimmer.
[ɪç 'hɛtə 'gɛʁnə aɪ̯n 'dɔpl̩ˌʦɪmɐ]

آیا برای یک نفر اتاق دارید؟
Haben Sie ein Zimmer für eine Person?
['haːbən ziː aɪ̯n 'ʦɪmɐ fyːɐ̯ 'aɪ̯nə pɛʁ'zoːn]

آیا برای دو نفر اتاق دارید؟
Haben Sie ein Zimmer für zwei Personen?
['haːbən ziː aɪ̯n 'ʦɪmɐ fyːɐ̯ ʦvaɪ̯ ˌpɛʁ'zoːnən]

Reservierung - رزرو

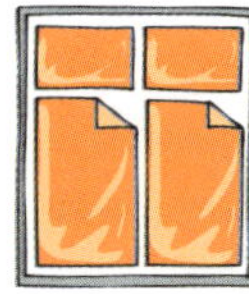

من یک اتاق با تخت دونفره می خواهم.
Ich hätte gerne ein Zimmer mit einem Doppelbett.
[ɪç 'hɛtə 'gɛʁnə aɪ̯n 'ʦɪmɐ mɪt 'aɪ̯nəm 'dɔpl̩ˌbɛt]

من یک اتاق با دو تخت می خواهم.
Ich hätte gerne ein Zimmer mit zwei Einzelbetten.
[ɪç 'hɛtə 'gɛʁnə aɪ̯n 'ʦɪmɐ mɪt ʦvaɪ̯ 'aɪ̯nʦl̩ˌbɛtn̩]

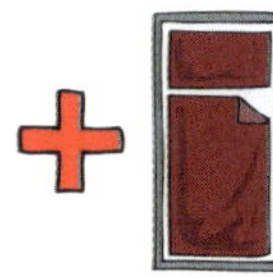

امکان دارد یک تخت اضافی در اتاق بگذارید؟
Könnten Sie ein zusätzliches Bett mit ins Zimmer stellen?
['kœntn̩ zi: aɪ̯n 'tsu:ˌʦɛtslɪçəs bɛt mɪt ɪns 'ʦɪmɐ 'ʃtɛlən]

شبی چند است؟
Wie viel kostet es pro Nacht?
[vi: fi:l 'ko:stət ɛs pʀo: naχt]

با تختخواب و صبحانه چند است؟
Wie viel kostet es für Zimmer mit Frühstück?
[vi: fi:l 'ko:stət ɛs fy:ɐ̯ 'ʦɪmɐ mɪt 'fʀy:ʃtʏk]

من این اتاق را برای یک شب می گیرم.
Ich werde dieses Zimmer für eine Nacht nehmen.
[ɪç 've:ɐ̯də 'di:zəs 'ʦɪmɐ fy:ɐ̯ 'aɪ̯nə naχt 'ne:mən]

من این اتاق را برای یک هفته می گیرم.
Ich werde dieses Zimmer für eine Woche nehmen.
[ɪç 've:ɐ̯də 'di:zəs 'ʦɪmɐ fy:ɐ̯ 'aɪ̯nə 'vɔχə 'ne:mən]

زمان تحویل اتاق چه ساعتی است
Wann ist die Abreisezeit?
[van ɪst di: 'apʀaɪ̯zə,t͡saɪ̯t]

آیا چیز ارزانتر دارید؟
Gibt es etwas Billigeres?
[gi:pt ɛs 'ɛtvas 'bɪlɪgəʀəs]

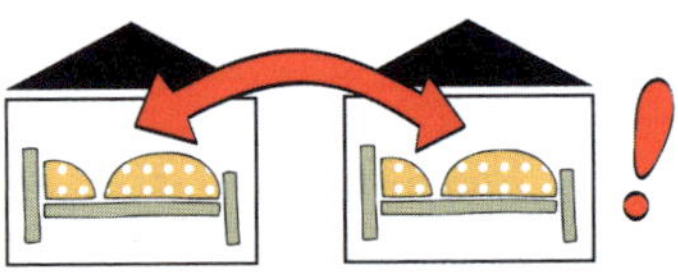

آیا می توانید هتل دیگری را پیشنهاد کنید؟
Können Sie mir ein anderes Hotel empfehlen?
['kœnən zi: mi:ɐ̯ aɪ̯n 'andəʀəs ho'tɛl ˌɛm'pfe:lən]

کلمات مفید

Reservierung [ʀezɛʁ'vi:ʀʊŋ] . . . . رزرو
Freie Zimmer ['fʀaɪ̯ə 'tsɪmɐ] . . . . اتاق خالی
Ausgebucht ['aʊ̯sgə,bu:χt] . . . . اتاق خالی موجود نیست
Rezeption [ˌʀet͡sɛp't͡si̯o:n] . . . . پذیرش
Portier [ˌpɔʁ'ti̯e:] . . . . مسئول پذیرش
Administrator [ˌatminɪs'tʀa:to:ɐ̯] . . . . سرپرست
Manager ['mɛnɪdʒɐ] . . . . مدیر

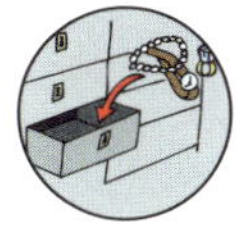

من می خواهم مقداری اشیاء با ارزش را در صندوق امانات بگذارم.
Ich würde gerne ein paar Wertsachen in das Schließfach legen.
[ɪç ˈvʏʁdə ˈɡɛʁnə a͜ɪn paːɐ̯ ˈveːɐ̯tˌzaχən ɪn das ˈʃliːsˌfaχ ˈleːɡn̩]

من می خواهم اشیاء با ارزش خود را پس بگیرم.
Ich hätte gerne meine Wertsachen zurück.
[ɪç ˈhɛtə ˈɡɛʁnə ˈma͜ɪnə ˈveːɐ̯tˌzaχən t͡suˈʀʏk]

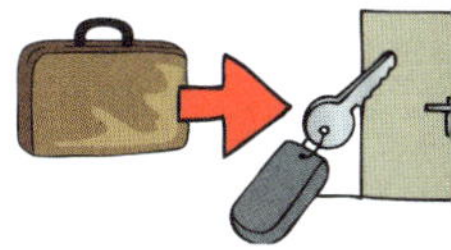

امکان دارد لطفاً اثاثیه مرا به اتاقم بفرستید؟
Könnten Sie bitte das Gepäck auf mein Zimmer bringen lassen?
[ˈkœntn̩ ziː ˈbɪtə das ɡəˈpɛk a͜ʊf ma͜ɪn ˈt͡sɪmɐ ˈbʀɪŋən ˈlasn̩]

آیا امکان دارد این چمدان را برای من نگه دارید؟
Könnten Sie das Gepäck für mich aufbewahren?
[ˈkœntn̩ ziː das ɡəˈpɛk fyːɐ̯ mɪç ˈa͜ʊfbəˌvaːʀən]

بفرمایید تو.
Herein.
[hɛˈʀa͜ɪn]

سرویس اتاق، لطفاً.
Zimmerservice, bitte.
[ˈt͡sɪmɐˌsɜːvɪs ˈbɪtə]

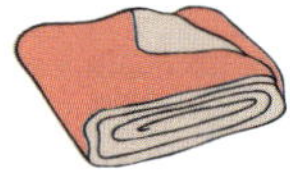

لطفاً برای من یک پتو بیاورید.
Bitte bringen Sie mir eine Decke.
['bɪtə 'bʀɪŋən ziː miːɐ̯ 'aɪ̯nə 'dɛkə]

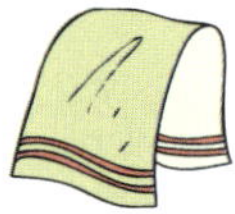

لطفاً برای من یک حوله دیگر بیاورید.
Bitte bringen Sie mir noch ein Handtuch.
['bɪtə 'bʀɪŋən ziː miːɐ̯ nɔχ aɪ̯n 'hantˌtuːχ]

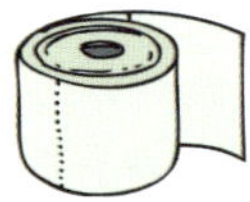

لطفاً برای من مقداری دستمال توالت بیاورید.
Bitte bringen Sie mir etwas Toilettenpapier.
['bɪtə 'bʀɪŋən ziː miːɐ̯ 'ɛtvas to̯a'lɛtn̩paˌpiːɐ̯]

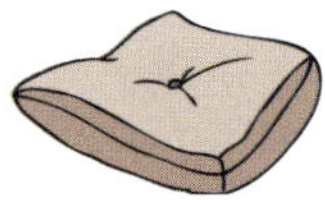

لطفاً برای من یک بالش دیگر بیاورید.
Bitte bringen Sie mir noch ein Kopfkissen.
['bɪtə 'bʀɪŋən ziː miːɐ̯ nɔχ aɪ̯n 'kɔpfˌkɪsn̩]

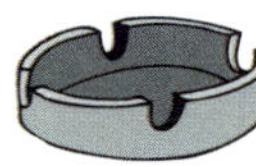

لطفاً برای من یک زیر سیگاری بیاورید.
Bitte bringen Sie mir einen Aschenbecher.
['bɪtə 'bʀɪŋən ziː miːɐ̯ 'aɪ̯nən 'aʃn̩ˌbɛçɐ]

رستوران کجاست؟
Wo ist das Restaurant?
[voː ɪst das ˌʀɛsto'ʀãː]

آیا در اینجا ساندویچ فروشی هست؟
Gibt es hier eine Imbissstube?
[giːpt ɛs hiːɐ̯ 'aɪ̯nə 'ɪmbɪsˌʃtuːbə]

در چه ساعاتی غذا داده می شود؟
Zu welcher Uhrzeit gibt es Mahlzeiten?
[t͡suː 'vɛlçɐ 'uːɐ̯ˌt͡saɪ̯t giːpt ɛs 'maːlˌt͡saɪ̯tn̩]

من می خواهم صبحانه فردا را سفارش دهم.
Ich würde gerne für morgen Frühstück bestellen.
[ɪç 'vʏʁdə 'gɛʁnə fyːɐ̯ 'mɔʁgn̩ 'fʀyːʃtʏk ˌbə'ʃtɛlən]

آیا می توانم پیاده بروم یا باید تاکسی بگیرم؟
Kann ich laufen oder sollte ich ein Taxi nehmen?
[kan ɪç 'laʊ̯fn̩ 'o:dɐ 'zɔltə ɪç aɪ̯n 'taksi 'ne:mən]

آیا من پیغام تلفنی دارم؟
Gibt es Telefonnachrichten für mich?
[gi:pt ɛs tɛ'lɛfɔ:nˌna:χʀɪçtn̩ fy:ɐ̯ mɪç]

آیا من نامه دارم؟
Gibt es irgendwelche Post für mich?
[gi:pt ɛs 'ɪʁgn̩tˌvɛlçə pɔst fy:ɐ̯ mɪç]

لطفاً یک کارت ویزیت را که نشانی هتل روی آن نوشته شده باشد به من بدهید.
Bitte geben Sie mir eine Visitenkarte mit der Hoteladresse.
['bɪtə 'ge:bn̩ zi: mi:ɐ̯ 'aɪ̯nə vi'zi:tn̩ˌkaʁtə mɪt de:ɐ̯ ho'tɛlaˌdʀɛsə]

امکان دارد این لباس زنانه را خشکشویی و اتو کنید؟
Bitte reinigen und bügeln Sie dieses Kleid.
['bɪtə 'ʀaɪ̯nɪgŋ̍ ʊnt 'by:gln zi: 'di:zəs klaɪ̯t]

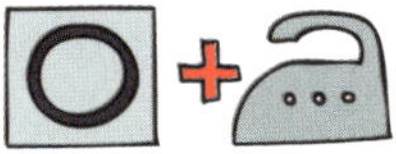

آیا امکان دارد این لباس ها را به خشکشویی بفرستید؟
Könnten Sie bitte diese Sachen zur Wäscherei schicken?
['kœntn̩ zi: 'bɪtə 'di:zə 'zaχn̩ tsu:ɐ̯ ˌvɛʃə'ʀaɪ̯ 'ʃɪkn̩]

من می خواهم این را بشویید.
Ich würde das gerne waschen lassen.
[ɪç 'vʏʁdə das 'gɛʁnə 'vaʃn̩ 'lasn̩]

آیا می توانید این لکه را پاک کنید؟
Können Sie diesen Fleck entfernen?
kœnən zi: 'di:zən flɛk ˌɛnt'fɛʁnən]

لطفاً این را اتو کنید.
Bitte bügeln Sie das.
['bɪtə 'by:gln zi: das]

لباس هایم کی آماده خواهند شد؟
Wann werden meine Sachen fertig sein?
[van 've:ɐ̯dn̩ 'maɪ̯nə 'zaχn̩ 'fɛʁtɪç 'fɛʁtɪk zaɪ̯n]

لطفاً این اتاق را مرتب کنید.
Bitte räumen Sie das Zimmer auf.
['bɪtə 'ʀɔɪ̯mən zi: das 'ʦɪmɐ aʊ̯f]

امکان دارد لطفاً یک تاکسی صدا کنید؟
Bitte rufen Sie ein Taxi.
['bɪtə 'ʀu:fn̩ zi: aɪ̯n 'taksi]

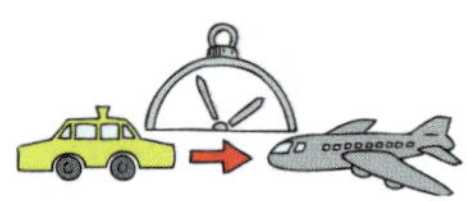

تا فرودگاه با تاکسی چقدر طول می کشد؟
Wie lange fährt man mit dem Taxi zum Flughafen?
[vi: 'laŋə fɛ:ɐ̯t man mɪt de:m 'taksi tsʊm 'flu:kˌha:fn̩]

آیا می دانید کد بین المللی شما چیست؟
Wie ist Ihre internationale Vorwahl?
[vi: ɪst 'i:ʀə ˌɪntenatsi̯o'na:lə 'fo:ɐ̯ˌva:l]

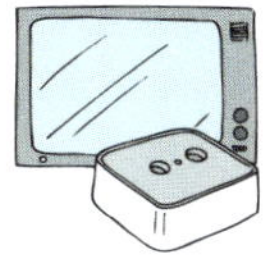

آیا هتل تلویزیون کابلی دارد؟
Hat das Hotel Kabelfernsehen?
[hat das ho'tɛl 'ka:bl̩ˌfɛʁnˌze:ən]

آیا هتل گاراژ دارد؟
Hat das Hotel ein Parkhaus?
[hat das ho'tɛl aɪ̯n 'paʁkˌhaʊ̯s]

آیا هتل سونا دارد؟
Hat das Hotel eine Sauna?
[hat das ho'tɛl 'aɪ̯nə 'zaʊ̯na]

راه خروج اضطراری کجاست؟
Wo ist der Notausgang?
[vo: ɪst de:ɐ̯ 'no:tʔaʊ̯sˌgaŋ]

کلمات مفید

Bitte nicht stören. ['bɪtə nɪçt 'ʃtø:ʀən]	مزاحم نشوید.
Halbpension ['halppaŋˌzi̯o:n]	تخت خواب، صبحانه و شام
Zimmer mit Frühstück ['tsɪmɐ mɪt 'fʀy:ʃtʏk]	تخت خواب و صبحانه
Vollpension ['fɔlpaŋˌzi̯o:n]	اتاق با غذا
Alles eingeschlossen ['aləs 'aɪ̯ngəʃlɔsn̩]	شامل همه چیز
Restaurant [ʀɛsto'ʀɑ̃:]	رستوران
Bar [ba:ɐ̯]	بار
Café [ka'fe:]	کافه
Fahrstuhl ['fa:ɐ̯ʃtu:l]	آسانسور
Souvenirladen [zuvə'ni:ɐ̯ˌla:dn̩]	مغازه سوغات فروشی
Schwimmbad ['ʃvɪmba:t]	استخر شنا
Gepäckträger [gə'pɛkˌtʀɛ:gɐ]	باربر
Zimmermädchen ['tsɪmɐˌmɛ:tçən]	خدمتکار
Information [ɪnfɔʁma'tsi̯o:n]	اطلاعات
Wäscherei [vɛʃə'ʀaɪ̯]	خشکشویی
Bewachter Parkplatz [bə'vaχtɐ 'paʁkˌplats]	پارکینگ دارای نگهبان
Internetzugang ['ɪntɐnɛtˌtsu:gaŋ]	دسترسی به اینترنت
Minibar ['mɪniˌba:ɐ̯]	مینی بار

Beschwerden - شکایات

من در اتاقم مشکلی دارم.
Ich habe ein Problem in meinem Zimmer.
[ɪç 'ha:bə aɪ̯n pʀo'ble:m ɪn 'maɪ̯nəm 'ʦɪmɐ]

توی اتاقم بوی بدی می آید.
Es riecht schlecht in meinem Zimmer.
[ɛs ʀi:χt ʃlɛçt ɪn 'maɪ̯nəm 'ʦɪmɐ]

تلویزیون کار نمی کند.
Der Fernseher funktioniert nicht.
[de:ɐ̯ 'fɛʁnˌze:ɐ ˌfʊŋkʦi̯o'ni:ɐ̯t nɪçt]

تلفن کار نمی کند.
Das Telefon funktioniert nicht.
[das ˌtɛlɛ'fɔ:n ˌfʊŋkʦi̯o'ni:ɐ̯t nɪçt]

کلید کار نمی کند.
Der Schlüssel funktioniert nicht.
[de:ɐ̯ 'ʃlʏsl̩ ˌfʊŋkʦi̯o'ni:ɐ̯t nɪçt]

کلید برق کار نمی کند.
Der Schalter funktioniert nicht.
[de:ɐ̯ 'ʃaltɐ ˌfʊŋkʦi̯o'ni:ɐ̯t nɪçt]

Beschwerden - شکایات

یخچال کار نمی کند.
Der Kühlschrank funktioniert nicht.
[de:ɐ̯ 'ky:lʃʀaŋk ˌfʊŋkt͡si̯o'ni:ɐ̯t nɪçt]

سیستم تهویه مطبوع کار نمی کند.
Die Klimaanlage funktioniert nicht.
[di: 'kli:maˌʔanla:gə ˌfʊŋkt͡si̯o'ni:ɐ̯t nɪçt]

دوش کار نمی کند.
Die Dusche funktioniert nicht.
[di: 'du:ʃə ˌfʊŋkt͡si̯o'ni:ɐ̯t nɪçt]

آب گرم نیست.
Es gibt kein warmes Wasser.
[ɛs gi:pt kaɪ̯n 'vaʁməs 'vasɐ]

دستشویی گرفته است.
Der Abfluss ist verstopft.
[de:ɐ̯ 'apˌflʊs ɪst fɛɐ̯'ʃtɔpft]

پنجره بسته نمی شود.
Das Fenster schließt nicht.
[das 'fɛnstɐ ʃli:st nɪçt]

پنجره باز نمی شود.
Das Fenster lässt sich nicht öffnen.
[das 'fɛnstɐ lɛst zɪç sɪç nɪçt 'œfnən]

اتاق من خیلی گرم است.
In meinem Zimmer ist es zu warm.
[ɪn 'maɪ̯nəm 't͡sɪmɐ ɪst ɛs t͡su: vaʁm]

اتاق من خیلی سرد است.
In meinem Zimmer ist es zu kalt.
[ɪn 'maɪ̯nəm 'ʦɪmɐ ɪst ɛs ʦu: kalt]

من می خواهم اتاقم را عوض کنم.
Ich würde gerne mein Zimmer wechseln.
[ɪç 'vʏʁdə 'gɛʁnə maɪ̯n 'ʦɪmɐ 'vɛksl̩n]

اتاق من تمیز و مرتب نشده است.
Mein Zimmer wurde nicht aufgeräumt.
[maɪ̯n 'ʦɪmɐ 'vʊʁdə nɪçt 'aʊ̯fgə,ʀɔɪ̯mt]

در این اتاق حشره است.
In diesem Zimmer gibt es Ungeziefer.
[ɪn 'di:zəm 'ʦɪmɐ gi:pt ɛs 'ʊngə,ʦi:fɐ]

من هنوز منتظر صبحانه ای هستم که سفارش داده ام.
Ich warte immer noch auf das Frühstück, das ich bestellt habe.
[ɪç 'vaʁtə 'ɪmɐ nɔχ aʊ̯f das 'fʀy:ʃtʏk das ɪç bə'ʃtɛlt 'ha:bə]

کلمات مفید

Kühlschrank ['ky:lʃʀaŋk]	یخچال
Lampe ['lampə]	لامپ
Klimaanlage ['kli:ma,ʔanla:gə]	تهویه مطبوع
Heizung ['haɪ̯ʦʊŋ]	سیستم گرمایشی
Hahn [ha:n]	شیر آب
Waschbecken ['vaʃ,bɛkn̩]	لگن دستشویی
Dusche ['du:ʃə]	دوش
Schalter ['ʃaltɐ]	کلید برق
Fernseher ['fɛʁn,ze:ɐ]	تلویزیون
Telefon [tɛ,lɛfɔ:n]	تلفن

من دارم اتاق را تحویل.
می دهم
Ich reise ab.
[ɪç ˈʁaɪ̯zə ap]

من می خواهم یک روز زودتر بروم.
Ich möchte einen Tag früher abreisen.
[ɪç ˈmœçtə ˈaɪ̯nən taːk ˈfʁyːɐ ˈapˌʁaɪ̯zn̩]

من می خواهم اقامتم را چند روز دیگر تمدید کنم.
Ich möchte meinen Aufenthalt um einige Tage verlängern.
[ɪç ˈmœçtə ˈmaɪ̯nən ˈaʊ̯fʔɛnthalt ʊm ˈaɪ̯nɪgə ˈtaːgə fɛɐ̯ˈlɛŋen]

آیا می توانم بعداً پرداخت کنم؟
Kann ich später zahlen?
[kan ɪç ˈʃpɛːtɐ ˈʦaːlən]

من نقد پرداخت می کنم.
Ich werde bar zahlen.
[ɪç ˈveːɐ̯də baːɐ̯ ˈt͡saːlən]

من با کارت اعتباری پرداخت می کنم.
Ich werde mit Kreditkarte zahlen.
[ɪç ˈveːɐ̯də mɪt kʀeˈdiːtˌkaʁtə ˈt͡saːlən]

امکان دارد صورتحساب را به من بدهی
Kann ich die Rechnung haben?
[kan ɪç diː ˈʀɛçnʊŋ ˈhaːbən]

هزینه مینی بار من چقدر شد؟
Wie viel wurde mir für die Minibar berechnet?
[viː fiːl ˈvʊʁdə miːɐ̯ fyːɐ̯ diː ˈmɪniˌbaːɐ̯ ˌbəˈʀɛçnət]

هزینه سرویس اتاق من چقدر شد؟
Wie viel wurde mir für den Zimmerservice berechnet?
[viː fiːl ˈvʊʁdə miːɐ̯ fyːɐ̯ deːn ˈt͡sɪmɐˌsɜːvɪs ˌbəˈʀɛçnət]

متأسفم، این امضای من نیست.
Es tut mir leid, aber das ist nicht meine Unterschrift.
[ɛs tuːt miːɐ̯ laɪ̯t ˈaːbɐ das ɪst nɪçt ˈmaɪ̯nə ˈʊntɐˌʃʀɪft]

آیا کارت اعتباری قبول می کنید؟
Akzeptieren Sie eine Kreditkarte?
[ˌakt͡sɛpˈtiːʀən ziː ˈaɪ̯nə kʀeˈdiːtˌkaʁtə]

آیا چک مسافرتی قبول می کنید؟
Akzeptieren Sie Reiseschecks?
[ˌakt͡sɛpˈtiːʀən ziː ˈʀaɪ̯zəʃɛks]

لطفاً یک تاکسی برای من سفارش دهید.
Bitte bestellen Sie mir ein Taxi.
[ˈbɪtə bəˈʃtɛlən ziː miːɐ̯ aɪ̯n ˈtaksi]

من از اقامتم لذت بردم.
Mein Aufenthalt hat mir gefallen.
[maɪ̯n ˈaʊ̯fʔɛnthalt hat miːɐ̯ ˌɡəˈfalən]

من می خواهم یک آپارتمان برای اجاره پیدا کنم.
Ich möchte eine Wohnung zum Mieten finden.
[ɪç 'mœçtə 'aɪ̯nə 'voːnʊŋ tsʊm 'miːtn̩ 'fɪndn̩]

من می خواهم یک خانه برای اجاره پیدا کنم.
Ich möchte ein Haus zum Mieten finden.
[ɪç 'mœçtə aɪ̯n haʊ̯s tsʊm 'miːtn̩ 'fɪndn̩]

پیش پرداخت چقدر است؟
Wie hoch ist die Anzahlung?
[viː hoːχ ɪst diː 'anˌʦaːlʊŋ]

نرخ ماهانه چقدر است؟
Wie hoch ist die Monatsrate?
[viː hoːχ ɪst diː 'moːnaʦˌʀaːtə]

کلیدها را باید از کجا بگیریم؟
Wo können wir die Schlüssel abholen?
[voː 'kœnən viːɐ̯ diː 'ʃlʏsl̩ 'apˌhoːlən]

Miete - اجاره

کنتور برق کجاست؟
Wo ist der Stromzähler?
[vo: ɪst de:ɐ̯ 'ʃtʀo:mˌʦɛ:lɐ]

آبگرمکن کجاست؟
Wo ist der Boiler?
[vo: ɪst de:ɐ̯ 'bɔɪ̯lɐ]

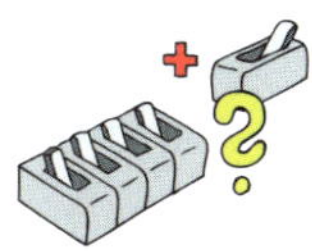

آیا فیوز یدکی هست؟
Gibt es Ersatzsicherungen?
[gi:pt ɛs ɛɐ̯'zaʦˌzɪçərʊŋən]

کلمات مفید

Herd [he:ɐ̯t]	اجاق
Bratpfanne ['bʀa:tˌpfanə]	ماهیتابه
Teller ['tɛlɐ]	ظروف
Ofen ['o:fn̩]	فر
Decken ['dɛkn̩]	پتو
Tisch [tɪʃ]	میز
Stühle ['ʃty:lə]	صندلی ها

اجاق گاز چطور کار می کند؟
Wie funktioniert der Herd?
[vi: ˌfʊŋkʦi̯o'ni:ɐ̯t de:ɐ̯ he:ɐ̯t]

آبگرمکن چطور کار می کند؟
Wie funktioniert der Boiler?
[vi: ˌfʊŋkʦi̯o'ni:ɐ̯t de:ɐ̯ 'bɔɪ̯lɐ]

کتری خراب است.
Der Wasserkessel funktioniert nicht.
[de:ɐ̯ 'vasɐkɛsl̩ ˌfʊŋkʦi̯o'ni:ɐ̯t nɪçt]

یخچال خراب است.
Der Gefrierschrank funktioniert nicht.
[de:ɐ̯ gə'fʀi:ɐ̯ʃʀaŋk ˌfʊŋkʦi̯o'ni:ɐ̯t nɪçt]

مخزن آبگرمکن خراب است.
Der Boiler funktioniert nicht.
[de:ɐ̯ 'bɔɪ̯lɐ ˌfʊŋkʦi̯o'ni:ɐ̯t nɪçt]

ماشین لباسشویی خراب است.
Die Waschmaschine funktioniert nicht.
[di: 'vaʃmaʃi:nə ˌfʊŋkʦi̯o'ni:ɐ̯t nɪçt]

Stadtverkehr حمل و نقل محلی

نزدیکترین ایستگاه اتوبوس کجاست؟
Wo ist die nächste Bushaltestelle?
vo: ɪst di: 'nɛ:çstə 'bʊshaltəʃtɛlə]

نزدیکترین ایستگاه مترو کجاست؟
Wo ist die nächste U-Bahn-Station?
[vo: ɪst di: 'nɛ:çstə 'u:ba:nʃtaˌt͡si̯o:n]

کدام اتوبوس به مرکز شهر می رود؟
Welcher Bus fährt in die Innenstadt?
['vɛlçɐ bʊs fɛ:ɐ̯t ɪn di: 'ɪnənʃtat]

کدام اتوبوس به فرودگاه می رود؟
Welcher Bus fährt zum Flughafen?
['vɛlçɐ bʊs fɛ:ɐ̯t tsʊm 'flu:kˌha:fn̩]

اتوبوس آخر برای فرودگاه چه ساعتی حرکت می کند؟
Um wie viel Uhr fährt der letzte Bus zum Flughafen?
[ʊm vi: fi:l u:ɐ̯ fɛ:ɐ̯t de:ɐ̯ 'lɛt͡stə bʊs tsʊm 'flu:kˌha:fn̩]

آیا این اتوبوس آنجا می رود؟
Fährt dieser Bus dorthin?
[fɛ:ɐ̯t 'di:zɐ bʊs 'dɔʁthɪn]

اتوبوس بعدی برای فرودگاه چه ساعتی حرکت می کند؟
Um wie viel Uhr fährt der nächste Bus zum Flughafen?
[ʊm vi: fi:l u:ɐ̯ fɛ:ɐ̯t de:ɐ̯ 'nɛ:çstə bʊs tsʊm 'flu:kˌha:fn̩]

از کجا می توانم بلیط بخرم؟
Wo kann ich einen Fahrschein kaufen?
[vo: kan ɪç 'ai̯nən 'fa:ɐ̯ʃai̯n 'kau̯fn̩]

آیا می توانم یک بلیط هفتگی بخرم؟
Kann ich eine Wochenkarte kaufen?
[kan ɪç 'ai̯nə 'vɔxn̩ˌkaʁtə 'kau̯fn̩]

یک بلیط رفت و برگشت چه مدت اعتبار دارد؟
Wie lange ist ein Hin- und Rückfahrschein gültig?
[vi: 'laŋə ɪst ai̯n 'hɪn ʊnt 'ʀʏkˌfa:ɐ̯ʃai̯n 'gʏltɪç]

آیا می توانم یک بلیط ماهانه بخرم؟
Kann ich eine Monatskarte kaufen?
[kan ɪç 'ai̯nə 'mo:nat͡sˌkaʁtə 'kau̯fn̩]

آیا نرخ گروهی هم وجود دارد؟
Gibt es einen Gruppentarif?
[gi:pt ɛs 'ai̯nən 'gʀʊpn̩taˌʀi:f]

کرایه تا این محل چقدر است؟
Wie hoch ist der Fahrpreis bis dorthin?
[vi: ho:χ ɪst de:ɐ̯ 'fa:ɐ̯ˌpʀai̯s bɪs 'dɔʁthɪn]

کرایه چقدر است؟
Was kostet eine Fahrt?
[vas 'ko:stət 'ai̯nə fa:ɐ̯t]

Bus/U-Bahn - اتوبوس/مترو

آیا باید برای وسایلم مبلغ اضافی بپردازم؟
Muss ich für mein Gepäck extra zahlen?
[mʊs ɪç fyːɐ̯ maɪ̯n gəˈpɛk ˈɛkstʀa ˈtsaːlən]

لطفاً مرا اینجا پیاده کنید.
Ich möchte hier aussteigen, bitte.
[ɪç ˈmœçtə hiːɐ̯ ˈaʊ̯sʃtaɪ̯gən ˈbɪtə]

لطفاً به من بگویید کجا پیاده شوم.
Bitte sagen Sie mir, wo ich aussteigen muss.
[ˈbɪtə ˈzaːgŋ ziː miːɐ̯ voː ɪç ˈaʊ̯sʃtaɪ̯gən mʊs]

ایستگاه بعدی، لطفاً.
Nächste Haltestelle, bitte.
[ˈnɛːçstə ˈhaltəʃtɛlə ˈbɪtə]

می خواهم این بلیط را باطل کنم.
Ich möchte diesen Fahrschein stornieren.
[ɪç ˈmœçtə ˈdiːzən ˈfaːɐ̯ʃaɪ̯n ʃtɔʁˈniːʀən]

کلمات مفید

- Erwachsener [ɛɐ̯ˈvaksənɐ] . . . . بزرگسال
- Kind [kɪnt] . . . . کودک
- Reisebus [ˈʀaɪ̯zəˌbʊs] . . . . اتوبوس.
- Schaffner [ˈʃafnɐ] . . . . مسئول بلیط
- Fahrpreis [ˈfaːɐ̯ˌpʀaɪ̯s] . . . . کرایه.
- Fahrschein [ˈfaːɐ̯ʃaɪ̯n] . . . . بلیط.
- Bushaltestelle [ˈbʊshaltəʃtɛlə] . . . . ایستگاه اتوبوس.
- U-Bahn-Streckenkarte [ˈuːˌbaːn ˈʃtʀɛkn̩ˌkaʁtə] . . . . نقشه مترو
- Fahrplan [ˈfaːɐ̯ˌplaːn] . . . . جدول زمانی
- Transfer/Verbindung [tʀansˈfeːɐ̯ / fɛɐ̯ˈbɪndʊŋ] . . . . انتقال/تعویض وسیله نقلیه
- Kein Eingang [kaɪ̯n ˈaɪ̯nˌgaŋ] . . . . ورود ممنوع

Taxi - تاکسی

آیا آزاد هستید؟
Sind Sie frei?
[zɪnt zi: fʀaɪ̯]

من همین حالا تاکسی می خواهم.
Ich möchte jetzt ein Taxi haben.
[ɪç 'mœçtə jɛtst aɪ̯n 'taksi 'ha:bən]

ایستگاه تاکسی کجاست؟
Wo ist ein Taxistand?
[vo: ɪst aɪ̯n 'taksiʃtant]

آیا ممکن است برای من یک تاکسی صدا کنید؟
Würden Sie bitte ein Taxi für mich rufen?
['vʏʁdən zi: 'bɪtə aɪ̯n 'taksi fy:ɐ̯ mɪç 'ʀu:fn̩]

من یک ساعت دیگر تاکسی می خواهم.
Ich möchte in einer Stunde ein Taxi haben.
[ɪç 'mœçtə ɪn 'aɪ̯nɐ 'ʃtʊndə aɪ̯n 'taksi 'ha:bən]

لطفاً مرا به فرودگاه ببرید.
Fahren Sie mich bitte zum Flughafen.
['fa:ʀən zi: mɪç 'bɪtə tsʊm 'flu:kˌha:fn̩]

لطفاً مرا به این هتل ببرید.
Fahren Sie mich bitte zu diesem Hotel.
['fa:ʀən zi: mɪç 'bɪtə tsu: 'di:zəm ho'tɛl]

لطفاً مرا آنجا ببرید.
Fahren Sie mich bitte dorthin.
['fa:ʀən zi: mɪç 'bɪtə 'dɔʁthɪn]

لطفاً مرا به مرکز شهر ببرید.
Fahren Sie mich bitte in die Innenstadt.
['fa:ʀən zi: mɪç 'bɪtə ɪn di: 'ɪnənʃtat]

کرایه تا فرودگاه چقدر می شود؟
Wie viel kostet eine Fahrt zum Flughafen?
[vi: fi:l 'ko:stət 'aɪ̯nə fa:ɐ̯t tsʊm 'flu:kˌha:fn̩]

کرایه تا ایستگاه قطار چقدر می شود؟
Wie viel kostet eine Fahrt zum Bahnhof?
[vi: fi:l 'ko:stət 'aɪ̯nə fa:ɐ̯t tsʊm 'ba:nˌho:f]

خیلی زیاد است.
Zu viel.
[tsu: fi:l]

مستقیم ترین مسیر.
Auf direktem Weg.
[aʊ̯f ˌdi'ʀɛktəm ve:k]

Taxi - تاکسی

به راست.
Nach rechts.
[naːχ ʀɛçts]

به چپ.
Nach links.
[naːχ lɪŋks]

اینجا بایستید.
Halten Sie hier an.
['haltən ziː hiːɐ̯ an]

سرعت خود را کم کنید.
Fahren Sie langsamer.
['faːʀən ziː 'laŋˌzaːmɐ]

می توانید منتظر شوید؟
Können Sie warten?
['kœnən ziː 'vaʁtən]

این برای شماست.
Das ist für Sie.
[das ɪst fyːɐ̯ ziː]

چه قدر باید بپردازم؟
Wie viel schulde ich?
[viː fiːl 'ʃʊldə ɪç]

بقیه پولم، لطفاً.
Mein Wechselgeld, bitte.
[maɪ̯n 'vɛksl̩ˌgɛlt 'bɪtə]

من می خواهم یک ماشین کرایه کنم.
Ich möchte ein Auto mieten.
[ɪç 'mœçtə aɪ̯n 'ao̯to 'mi:tən]

من می خواهم یک موتورسیکلت کرایه کنم.
Ich möchte ein Motorrad mieten.
[ɪç 'mœçtə aɪ̯n 'mo:to:ɐ̯ˌʀa:t 'mi:tən]

من می خواهم یک موتور اسکوتر کرایه کنم.
Ich möchte einen Motorroller mieten.
[ɪç 'mœçtə 'aɪ̯nən 'mo:to:ɐ̯ˌʀɔlɐ 'mi:tən]

من می خواهم یک ماشین با راننده کرایه کنم.
Ich möchte ein Auto mit Fahrer mieten.
[ɪç 'mœçtə aɪ̯n 'ao̯to mɪt 'fa:ʀɐ 'mi:tən]

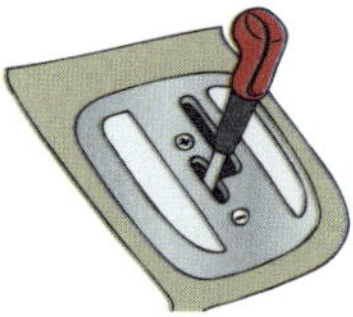

دنده اتوماتیک
ein Automatikgetriebe
[aɪ̯n ao̯to'ma:tɪkgəˌtʀi:bə]

کرایه روزانه چقدر می شود؟
Was kostet es pro Tag?
[vas 'ko:stət ɛs pʀo: ta:k]

چه مدارکی باید همراه من باشد؟
Welche Dokumente soll ich dabeihaben?
['vɛlçə ˌdoku'mɛntə zɔl ɪç da·'baɪ̯ˌha:bən]

این مجوز بین المللی رانندگی من است.
Das ist meine internationale Fahrerlaubnis.
[das ɪst 'maɪ̯nə ˌɪntɐnat͡si̯o'na:lə 'fa:ɐ̯ʔɛɐ̯ˌlao̯pnɪs]

آیا این قیمت شامل بیمه است؟
Schließt dieser Preis eine Versicherung mit ein?
[ʃliːst ˈdiːzɐ pʀaɪ̯s ˈaɪ̯nə ˌfɛɐ̯ˈzɪçəʀʊŋ mɪt aɪ̯n]

کرایه کیلومتری چقدر می شود؟
Was kostet es pro Kilometer?
[vas ˈkoːstət ɛs pʀoː ˌkiloˈmeːtɐ]

کرایه آخر هفته ای چقدر می شود؟
Was kostet es pro Wochenende?
[vas ˈkoːstət ɛs pʀoː ˈvɔχn̩ˌʔɛndə]

حد اقل زمان کرایه چقدر است؟
Wie lang ist der minimale Mietzeitraum?
[viː laŋ ɪst deːɐ̯ miniˈmaːlə ˈmiːtˌt͡saɪ̯tˌʀaʊ̯m]

آیا باید مبلغی را به عنوان ودیعه بپردازم؟
Muss ich eine Kaution zahlen?
[mʊs ɪç ˈaɪ̯nə kaʊ̯ˈt͡si̯oːn ˈt͡saːlən]

آیا ماشین بنزین دارد؟
Ist das Auto betankt?
[ɪst das ˈaʊ̯to bəˈtaŋkt]

برای کیلومترهای بیشتر چقدر هزینه خواهد داشت؟
Wie viel muss man für zusätzliche Kilometer bezahlen?
[viː fiːl mʊs man fyːɐ̯ ˈt͡suːˌt͡sɛt͡slɪçə ˌkiloˈmeːtɐ ˌbəˈt͡saːlən]

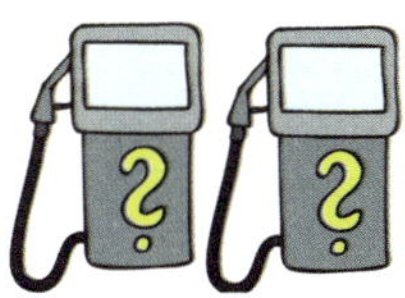

چه نوع سوختی مصرف می کند؟
Welchen Kraftstoff braucht es?
[ˈvɛlçn̩ ˈkʀaftʃtɔf bʀaʊ̯χt ɛs]

مایلم ماشین را امتحان کنم.
Ich würde das Auto gerne ausprobieren.
[ɪç 'vʏʁdə das 'au̯to 'gɛʁnə 'au̯spʀoˌbiːʀən]

کجا می توانم آن را برگردانم؟
Wo kann ich es abgeben?
[voː kan ɪç ɛs 'apˌgeːbən]

آیا باید ماشین را با باک پر بازگردانم؟
Soll ich das Auto vollgetankt abgeben?
[zɔl ɪç das 'au̯to 'fɔlgəˌtaŋkt 'apˌgeːbən]

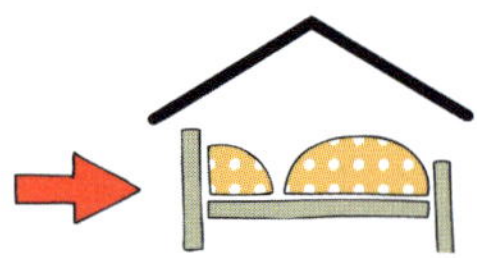

لطفاً یک ماشین به هتل من بفرستید.
Bitte schicken Sie ein Auto zu meinem Hotel.
['bɪtə 'ʃɪkn̩ ziː aɪ̯n 'au̯to ʦuː 'maɪ̯nəm ho'tɛl]

می خواهم خسارت بیمه ماشین دریافت کنم.
Ich möchte eine Autoversicherung abschließen.
[ɪç 'mœçtə 'aɪ̯nə 'au̯tofɛɐ̯ˌzɪçəʀʊŋ 'apˌʃliːsn̩]

کلمات مفید

Autoverleih ['au̯tofɛɐ̯ˌlaɪ̯] . . . . کرایه ماشین
Mietvertrag ['miːtfɛɐ̯ˌtʀaːk] . . . . توافق نامه کرایه
Tank [taŋk] . . . . باک
Versicherung [fɛɐ̯'zɪçəʀʊŋ] . . . . بیمه

چه مدت می توانم اینجا پارک کنم؟
Wie lange kann ich hier parken?
[viː ˈlaŋə kan ɪç hiːɐ̯ ˈpaʁkn̩]

کجا می توانم پارک کنم؟
Wo kann ich parken?
[voː kan ɪç ˈpaʁkn̩]

آیا باید برای پارک در اینجا مبلغی بپردازم؟
Muss ich hier für das Parken bezahlen?
[mʊs ɪç hiːɐ̯ fyːɐ̯ das ˈpaʁkn̩ ˌbəˈtsaːlən]

نزدیکترین گاراژ کجاست؟
Wo ist das nächste Parkhaus?
[voː ɪst das ˈnɛːçstə ˈpaʁkˌhaʊ̯s]

نزدیکترین پارکینگ کجاست؟
Wo ist der nächste Parkplatz?
[voː ɪst deːɐ̯ ˈnɛːçstə ˈpaʁkˌplats]

هزینه روزانه چقدر است؟
Wie ist die Gebühr pro Tag?
[viː ɪst diː ɡəˈbyːɐ̯ pʀoː taːk]

هزینه ساعتی چقدر است؟
Wie ist die Gebühr pro Stunde?
[viː ɪst diː ɡəˈbyːɐ̯ pʀoː ˈʃtʊndə]

نزدیکترین پمپ بنزین کجاست؟
Wo ist die nächste Tankstelle?
[vo: ɪst di: 'nɛ:çstə 'taŋkʃtɛlə]

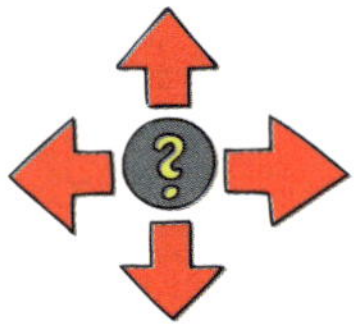

از کدام جهت باید بروم؟
In welche Richtung soll ich fahren?
[ɪn 'vɛlçə 'ʀɪçtʊŋ zɔl ɪç 'fa:ʀən]

این جاده به کجا می رود؟
Wohin führt diese Straße?
[vo'hɪn fy:ɐ̯t 'di:zə 'ʃtʀa:sə]

ممکن است روی نقشه به من نشان دهید کجا هستم؟
Können Sie mir auf der Karte zeigen, wo ich bin?
['kœnən zi: mi:ɐ̯ aʊ̯f de:ɐ̯ 'kaʁtə 'ʦaɪ̯gn̩ vo: ɪç bɪn]

خروجی به بزرگراه کجاست؟
Wo ist die Einfahrt zur Autobahn?
[vo: ɪst di: 'aɪ̯nˌfa:ɐ̯t tsu:ɐ̯ 'aʊ̯toˌba:n]

کلمات مفید

Straße ['ʃtʀaːsə]	جاده
Baustelle ['baʊ̯ʃtɛlə]	جاده در دست تعمیر است.
Kreuzung ['kʀɔɪ̯tsʊŋ]	چهارراه
Kurve ['kʊʁvə]	پیچ
Kreisverkehr ['kʀaɪ̯sfɛɐ̯ˌkeːɐ̯]	میدان چکنم
Ampel ['ampl̩]	چراغ راهنما
Verkehrszeichen [fɛɐ̯'keːɐ̯sˌtsaɪ̯çn̩]	تابلوی راهنمایی و رانندگی.
Lastkraftwagen ['lastkʀaftˌvaːgn̩]	کامیون.
Fußgänger ['fuːsˌgɛŋɐ]	عابر پیاده
Fußgängerzone ['fuːsgɛŋɐˌtsoːnə]	منطقه مخصوص عابران پیاده.
Parken ['paʁkn̩]	پارکینگ
gebührenpflichtiger Parkplatz [gə'byːʀənˌpflɪçtɪgə 'paʁkˌplats]	پارکینگ عوارضی
gebührenfreier Parkplatz [gə'byːʀənˌfʀaɪ̯ɐ 'paʁkˌplats]	پارکینگ رایگان
Autobahn ['aʊ̯toˌbaːn]	بزرگراه.
gebührenpflichtige Straße [gə'byːʀənˌpflɪçtɪgɐ 'ʃtʀaːsə]	جاده عوارضی.
Fahrradweg ['faːɐ̯ʀaːtˌveːk]	راه دوچرخه
Geschwindigkeit [gə'ʃvɪndɪçkaɪ̯t]	سرعت.
Tachometer ['taxoˌmeːtɐ]	سرعت سنج
geradeaus [gəʀaːdə'ʔaʊ̯s]	مستقیم
links [lɪŋks]	چپ.
rechts [ʀɛçts]	راست
erst [eːɐ̯st]	اول
dann [dan]	بعد.
Tunnel ['tʊnl̩]	تونل.
Norden ['nɔʁdn̩]	شمال
Süden ['zyːdn̩]	جنوب
Osten ['ɔstən]	شرق.
Westen ['vɛstn̩]	غرب.
Armaturenbrett [aʁma'tuːʁənˌbʀɛt]	داشبورد
Fahrersitz ['faːʀɐˌzɪts]	صندلی راننده.
Fahrerlaubnis ['faːɐ̯ʔɛɐ̯ˌlaʊ̯pnɪs]	گواهینامه رانندگی

لطفاً پرش کنید.
'anken Sie es bitte voll.
:'taŋkn̩ zi: ɛs 'bɪtə fɔl]

من بنزین بدون سرب می خواهم.
Ich brauche Bleifrei.
[ɪç 'bʀaʊ̯χə 'blaɪ̯ˌfʀaɪ̯]

من معمولی می خواهم.
Ich brauche Normal.
[ɪç 'bʀaʊ̯χə nɔʁ'ma:l]

من دیزل می خواهم.
Ich brauche Diesel.
[ɪç 'bʀaʊ̯χə 'di:zl̩]

من سوپر می خواهم.
Ich brauche Super.
[ɪç 'bʀaʊ̯χə 'zu:pɐ]

آیا تعمیرات انجام می دهید؟
Führen Sie Reparaturen durch?
['fy:ʀən zi: ˌʀepaʀa'tu:ʀən dʊʁç]

روغن را لطفاً چک کنید.
Überprüfen Sie bitte das Öl.
[ˌy:bɐ'pʀy:fən zi: 'bɪtə das ø:l]

آیا می توانید آن را برای من چک کنید؟
Können Sie es für mich überprüfen?
['kœnən zi: ɛs fy:ɐ̯ mɪç ˌy:bɐ'pʀy:fən]

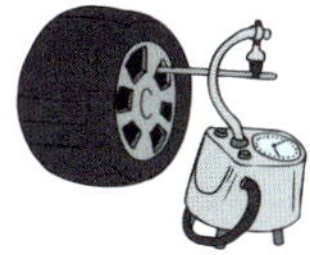

باد تایرها را لطفاً چک کنید.
Überprüfen Sie bitte die Luft in den Reifen.
[ˌyːbɐˈpʀyːfən ziː ˈbɪtə diː lʊft ɪn deːn ˈʀaɪ̯fn̩]

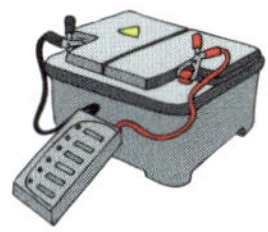

باتری را لطفاً چک کنید.
Überprüfen Sie bitte die Batterie.
[ˌyːbɐˈpʀyːfən ziː ˈbɪtə diː ˌbatəˈʀiː]

ترمزها را لطفاً چک کنید.
Überprüfen Sie bitte die Bremsen.
[ˌyːbɐˈpʀyːfən ziː ˈbɪtə diː ˈbʀɛmzn̩]

من می خواهم که روغن را تعویض کنید، لطفاً.
Ich möchte Öl wechseln lassen, bitte.
[ɪç ˈmœçtə øːl ˈvɛksl̩n ˈlasn̩ ˈbɪtə]

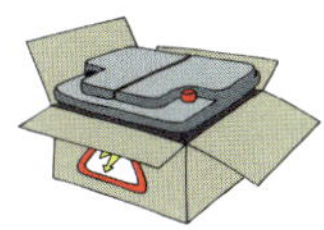

من یک باتری نو لازم دارم.
Ich brauche eine neue Batterie.
[ɪç ˈbʀaʊ̯xə ˈaɪ̯nə ˈnɔɪ̯ə ˌbatəˈʀiː]

من شمع های نو لازم دارم.
Ich brauche neue Zündkerzen.
[ɪç ˈbʀaʊ̯xə ˈnɔɪ̯ə ˈʦʏntˌkɛʁʦən]

من تسمه پروانه نو لازم دارم.
Ich brauche einen neuen Keilriemen.
[ɪç ˈbʀaʊ̯xə ˈaɪ̯nən ˈnɔɪ̯ən ˈkaɪ̯lˌʀiːmən]

کلمات مفید

Frostschutzmittel [ˈfʀɔstʃʊʦˌmɪtl̩] . . . . ضد یخ
automatisch [ˌaʊ̯toˈmaːtɪʃ] . . . . اتوماتیک
Motor [ˈmoːtoːɐ̯] . . . . موتور
Abgas [ˈapˌgaːs] . . . . اگزوز
Nummernschild [ˈnʊmenˌʃɪlt] . . . . پلاک
Benzin [bɛnˈʦiːn] . . . . بنزین

Defekte - خراب

موتور روشن نمی شود.
Der Motor startet nicht.
[deːɐ̯ ˈmoːtoːɐ̯ ˈʃtaʁtət nɪçt]

موتور خیلی داغ می کند.
Der Motor wird sehr heiß.
[deːɐ̯ ˈmoːtoːɐ̯ vɪʁt zeːɐ̯ haɪ̯s]

خیلی سر و صدا می کند.
Es ist laut.
[ɛs ɪst laʊ̯t]

یک چیزی سر و صدا می کند.
Irgendwas macht ein Geräusch.
[ˈɪʁgn̩tˈvas maχt aɪ̯n gəˈʀɔɪ̯ʃ]

من پنچر کرده ام.
Ich habe einen platten Reifen.
[ɪç ˈhaːbə ˈaɪ̯nən ˈplatn̩ ˈʀaɪ̯fn̩]

فشار روغن مشکل دارد.
Es ist etwas mit dem Öldruck nicht in Ordnung.
[ɛs ɪst ˈɛtvas mɪt deːm ˈøːlˌdʀʊk nɪçt ɪn ˈɔʁdnʊŋ]

سیستم برق مشکل دارد.
Es ist etwas mit dem elektrischen System nicht in Ordnung.
[ɛs ɪst 'ɛtvas mɪt deːm e'lɛktʀɪʃn̩ zʏs'teːm nɪçt ɪn 'ɔʁdnʊŋ]

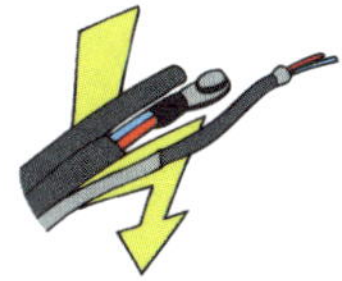

تسمه پروانه مشکل دارد.
Es ist etwas mit dem Keilriemen nicht in Ordnung.
[ɛs ɪst 'ɛtvas mɪt deːm 'kaɪ̯lˌʀiːmən nɪçt ɪn 'ɔʁdnʊŋ]

اهرم دنده مشکل دارد.
Es ist etwas mit der Gangschaltung nicht in Ordnung.
[ɛs ɪst 'ɛtvas mɪt deːɐ̯ 'gaŋʃaltʊŋ nɪçt ɪn 'ɔʁdnʊŋ]

سیستم جرقه مشکل دارد.
Es ist etwas mit der Zündung nicht in Ordnung.
[ɛs ɪst 'ɛtvas mɪt deːɐ̯ 'tsʏndʊŋ nɪçt ɪn 'ɔʁdnʊŋ]

استارت مشکل دارد.
Es ist etwas mit dem Starter nicht in Ordnung.
[ɛs ɪst 'ɛtvas mɪt deːm 'ʃtaʁtɐ nɪçt ɪn 'ɔʁdnʊŋ]

جعبه دنده مشکل دارد.
Es ist etwas mit dem Getriebe nicht in Ordnung.
[ɛs ɪst 'ɛtvas mɪt deːm ˌgə'tʀiːbə nɪçt ɪn 'ɔʁdnʊŋ]

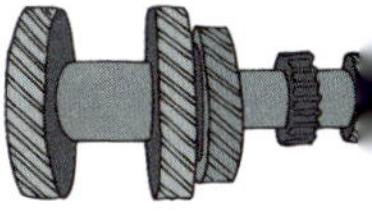

چراغ جلو کار نمی کند.
Die Scheinwerfer funktionieren nicht.
[diː 'ʃaɪ̯nˌvɛʁfɐ ˌfʊŋkts̮io'niːʀən nɪçt]

باتری خالی شده است.
Die Batterie ist leer.
[diː ˌbatə'ʀiː ɪst leːɐ̯]

Defekte - خراب

آیا قطعات یدکی دارید؟
Haben Sie Ersatzteile?
['ha:bən zi: ɛɐ̯'zats͡ˌtaɪ̯lə]

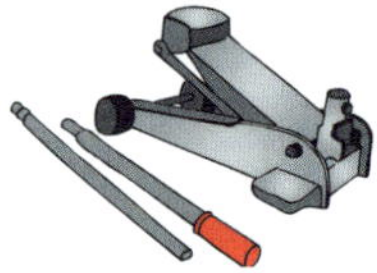

امکان دارد یک جک به من قرض بدهید؟
Können Sie mir einen Wagenheber leihen?
['kœnən zi: mi:ɐ̯ 'aɪ̯nən 'va:gn̩ˌhe:bɐ 'laɪ̯ən]

من کلیدهایم را در ماشین جا گذاشته ام و در را قفل کرده ام.
Ich haben meine Schlüssel im Auto eingeschlossen.
[ɪç 'ha:bən 'maɪ̯nə 'ʃlʏsl̩ ɪm 'aʊ̯to 'aɪ̯ngəʃlɔsn̩]

بنزین تمام شد.
Wir haben kein Benzin mehr.
[vi:ɐ̯ 'ha:bən kaɪ̯n bɛn't͡si:n me:ɐ̯]

ماشین خراب شد لطفاً یک نفر را بفرستید.
Das Auto ist kaputtgegangen. Bitte schicken Sie jemanden her.
[das 'aʊ̯to ɪst ka'pʊt ˌgə'gaŋən 'bɪtə 'ʃɪkn̩ zi: 'je:mandən he:ɐ̯]

امکان دارد یک مکانیک بفرستید؟
Können Sie einen Mechaniker schicken?
['kœnən zi: 'aɪ̯nən ˌme'ça:nikɐ 'ʃɪkn̩]

امکان دارد یک کامیون یدک کش بفرستید؟
Können Sie ein Abschleppfahrzeug schicken?
['kœnən zi: aɪ̯n 'apʃlɛpˌfa:ɐ̯t͡sɔɪ̯k 'ʃɪkn̩]

آیا می توانید ماشین را تعمیر کنید؟
Können Sie das Auto reparieren?
['kœnən zi: das 'au̯to ˌʀepa'ʀi:ʀən]

تعمیر ماشین چقدر طول خواهد کشید؟
Wie lange wird es dauern, das Auto zu reparieren?
[vi: 'laŋə vɪʁt ɛs 'dau̯ɐn das 'au̯to t͡su: ˌʀepa'ʀi:ʀən]

آیا وقتی ماشین آماده شد مرا خبر می کنید؟
Rufen Sie mich an, wenn das Auto fertig ist?
['ʀu:fn̩ zi: mɪç an vɛn das 'au̯to 'fɛʁtɪç 'fɛʁtɪk ɪst]

آیا بیمه من هزینه تعمیرات را پوشش می دهد؟
Werden die Reparaturkosten durch meine Versicherung gedeckt?
['veːɐ̯dn̩ diː ˌʀepaʀaˈtuːɐ̯ˌkɔstn̩ dʊʁç ˈmaɪ̯nə ˌfɛɐ̯ˈzɪçəʀʊŋ gəˈdɛkt]

ممکن است یک صورتحساب مورد به مورد به من بدهید؟
Geben Sie mir eine aufgeschlüsselte Rechnung?
['geːbn̩ ziː miːɐ̯ ˈaɪ̯nə ˈaʊ̯fgəʃlʏsl̩tə ˈʀɛçnʊŋ]

کلمات مفید

Bremsen ['bʀɛmzn̩]	ترمز
Stoßstange ['ʃtoːsˌʃtaŋə]	سپر
Kotflügel ['koːtflyːgl̩]	ضربه گیر
Motorhaube ['moːtoːɐ̯ˌhaʊ̯bə]	کاپوت
Kofferraum ['kɔfɐˌʀaʊ̯m]	صندوق عقب
Ersatzrad [ɛɐ̯'zaʦˌrat]	چرخ زاپاس
Lenkrad ['lɛŋkˌʀaːt]	فرمان
Windschutzscheibe ['vɪntʃʊʦˌʃaɪ̯bə]	شیشه جلو
Scheibenwischer ['ʃaɪ̯bənvɪʃɐ]	برف پاک کن
Rad [ʀaːt]	چرخ
Kupplung ['kʊplʊŋ]	کلاچ
Bremspedal ['bʀɛmspeˌdaːl]	پدال ترمز
Gaspedal ['gaːspeˌdaːl]	پدال گاز
Gangschaltung ['gaŋˌʃaltʊŋ]	اهرم دنده
Handbremse ['hantˌbʀɛmzə]	ترمز دستی
Blinker ['blɪŋkɐ]	فلاشر
Scheinwerfer ['ʃaɪ̯nˌvɛʁfɐ]	چراغ جلو
Rücklicht ['ʀʏklɪçt]	چراغ عقب
Zündung ['ʦʏndʊŋ]	سیستم جرقه
Sicherheitsgurt ['zɪçɐhaɪ̯ʦˌgʊʁt]	کمربند
Blinklicht ['blɪŋkˌlɪçt]	چراغ راهنما
Seitenspiegel ['zaɪ̯tn̩ˌʃpiːgl̩]	آینه بغل
Rückspiegel ['ʀʏkʃpiːgl̩]	آینه عقب

یک تصادف اتفاق افتاده است.
Es hat ein Unfall stattgefunden.
[ɛs hat aɪ̯n 'ʊnfal 'ʃtatgəˌfʊndn̩]

یک خرابی اتفاق افتاده است.
Es hat eine Panne stattgefunden.
[ɛs hat 'aɪ̯nə 'panə 'ʃtatgəˌfʊndn̩]

یک دزدی از ماشین اتفاق افتاده است.
Es hat ein Einbruch stattgefunden.
[ɛs hat aɪ̯n 'aɪ̯nˌbʀʊχ 'ʃtatgəˌfʊndn̩]

یک دکتر خبر کنید.
Rufen Sie einen Arzt.
['ʀu:fn̩ zi: 'aɪ̯nən a:ɐ̯tst]

آتش نشانی خبر کنید.
Rufen Sie die Feuerwehr.
['ʀu:fn̩ zi: di: 'fɔɪ̯ɐˌve:ɐ̯]

پلیس خبر کنید.
Rufen Sie die Polizei.
['ʀu:fn̩ zi: di: ˌpoli'tsaɪ̯]

چند نفر زخمی شده اند.
Es sind Leute verletzt.
[ɛs zɪnt 'lɔɪ̯tə fɛɐ̯'lɛtst]

فکر می کنم تقصیر شما بود.

Ich denke, es war Ihre Schuld.

[ɪç 'dɛŋkə ɛs vaːɐ̯ 'iːʀə ʃʊlt]

او به من زد.

Er ist mir reingefahren.

[eːɐ̯s ɪst miːɐ̯ 'ʀaɪ̯ngəˌfaːʀən]

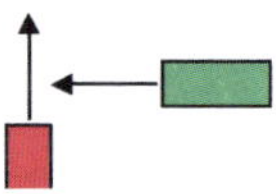

حق تقدم با من بود.

Ich hatte Vorfahrt.

[ɪç 'hatə 'foːɐ̯faɐ̯t]

من یک مترجم می خواهم.

Ich brauche einen Dolmetscher.

[ɪç 'bʀaʊ̯χə 'aɪ̯nən 'dɔlmɛtʃɐ]

آیا می توانیم مسأله را بین خودمان حل و فصل کنیم؟

Können wir die Sache unter uns klären?

['kœnən viːɐ̯ diː 'zaχə 'ʊntɐ ʊns 'klɛːʀən]

من یک خارجی هستم بفرمایید این گواهینامه رانندگی من است.

Ich bin Ausländer. Hier ist meine Fahrerlaubnis.

[ɪç bɪn 'aʊ̯sˌlɛndɐ hiːɐ̯ ɪst 'maɪ̯nə 'faːɐ̯ʔɛɐ̯ˌlaʊ̯pnɪs]

امکان دارد نسخه ای از گزارش تصادف را داشته باشم؟

Kann ich eine Kopie des Unfallberichts erhalten?

[kan ɪç 'aɪ̯nə ko'piː dɛs 'ʊnfalbəˌʀɪçts ɛɐ̯'haltn̩]

جاهای دیدنی
Sehenswürdigkeiten

چه ساعتی شروع می شود؟
Um wie viel Uhr geht es los?
[ʊm viː fiːl uːɐ̯ geːt ɛs loːs]

من می خواهم از جاهای دیدنی بازدید کنم.
Ich möchte Sehenswürdigkeiten anschauen.
[ɪç ˈmœçtə ˈzeːənsˌvʏʁdɪçkaɪ̯tn̩ ˈanʃaʊ̯ən]

آیا برای پیاده رفتن خیلی دور است؟
Ist es zu weit zum Laufen?
[ɪst ɛs ʦuː vaɪ̯t tsʊm ˈlaʊ̯fn̩]

چه ساعتی بر می گردیم؟
Um wie viel Uhr sind wir zurück?
[ʊm viː fiːl uːɐ̯ zɪnt viːɐ̯ ʦuˈʀʏk]

کی و کجا می توانیم یکدیگر را ملاقات کنیم؟
Wann und wo können wir uns treffen?
[van ʊnt voː ˈkœnən viːɐ̯ ʊns ˈtʀɛfn̩]

چه محلهایی را خواهیم دید؟
Welche Sehenswürdigkeiten werden wir anschauen?
[ˈvɛlçə ˈzeːənsˌvʏʁdɪçkaɪ̯tn̩ ˈveːɐ̯dn̩ viːɐ̯ ˈanʃaʊ̯ən]

آیا اینجا تور شهر هست؟
Gibt es hier eine Stadtrundfahrt?
[giːpt ɛs hiːɐ̯ ˈaɪ̯nə ˈʃtatʀʊntˌfaːɐ̯t]

Touristeninformation/Eine Reise buchen - اطلاعات جهانگردان/رزرو تور

امکان دارد لطفاً به من بگویید چه موزه هایی اینجا هست؟
Bitte sagen Sie mir, welche Museen es hier gibt.
['bɪtə 'zaːgŋ ziː miːɐ̯ 'vɛlçə mu'zeːən ɛs hiːɐ̯ giːpt]

امکان دارد لطفاً به من بگویید چه تئاترهایی اینجا هست؟
Bitte sagen Sie mir, welche Theater es hier gibt.
['bɪtə 'zaːgŋ ziː miːɐ̯ 'vɛlçə ˌte'aːtɐ ɛs hiːɐ̯ giːpt]

جاهای اصلی دیدنی کجا هستند؟
Was ist besonders sehenswert?
[vas ɪst ˌbə'zɔndɐs 'zeːənsˌveːɐ̯t]

آیا می توانید یک راهنما توصیه کنید؟
Können Sie einen Fremdenführer empfehlen?
['kœnən ziː 'aɪ̯nən 'fʀɛmdn̩ˌfyːʀɐ ˌɛm'pfeːlən]

آیا امکان دارد لطفاً سفر را برای من ترتیب دهید؟
Würden Sie bitte den Ausflug für mich arrangieren?
['vʏʁdən ziː 'bɪtə deːn 'aʊ̯sˌfluːk fyːɐ̯ mɪç ˌaʀɑ̃'ʒiːʀən]

از کجا می توانم یک نقشه شهر بخرم؟
Wo kann ich einen Stadtplan kaufen?
[voː kan ɪç 'aɪ̯nən 'ʃtatˌplaːn 'kaʊ̯fn̩]

Nach dem Weg fragen - پرسیدن راه

آیا امکان دارد راه هتل را به من نشان دهید؟
Zeigen Sie mir bitte den Weg zum Hotel.
['t͡saɪ̯gn̩ ziː miːɐ̯ 'bɪtə deːn veːk t͡sʊm ho'tɛl]

آیا امکان دارد راه ساحل را به من نشان دهید؟
Zeigen Sie mir bitte den Weg zum Strand.
['t͡saɪ̯gn̩ ziː miːɐ̯ 'bɪtə deːn veːk t͡sʊm ʃtʀant]

آیا امکان دارد راه اداره پلیس را به من نشان دهید؟
Zeigen Sie mir bitte den Weg zur Polizeistation.
['t͡saɪ̯gn̩ ziː miːɐ̯ 'bɪtə deːn veːk t͡suːɐ̯ poli't͡saɪ̯ʃtaˌt͡si̯oːn]

مرکز شهر از کدام طرف است؟
In welcher Richtung liegt die Innenstadt?
[ɪn 'vɛlçɐ 'ʀɪçtʊŋ liːkt diː 'ɪnənˌʃtat]

شهرداری کجاست؟
Wo ist das Rathaus?
[voː ɪst das 'ʀaːtˌhau̯s]

آیا امکان دارد راه مرکز شهر را به من نشان دهید؟
Zeigen Sie mir bitte den Weg ins Stadtzentrum.
saɪ̯gn̩ ziː miːɐ̯ 'bɪtə deːn veːk ɪns 'ʃtatˌt͡sɛntʀʊm]

Nach dem Weg fragen - پرسیدن راه

ببخشید. چطور می توانم به این محل بروم؟
Entschuldigung, wie komme ich hierher?
[ˌɛntˈʃʊldɪgʊŋ viː ˈkɔmə ɪç ˈhiːɐ̯ˈheːɐ̯]

موزه کجاست؟
Wo ist das Museum?
[voː ɪst das ˌmuˈzeːʊm]

تئاتر کجاست؟
Wo ist das Theater?
[voː ɪst das ˌteˈaːtɐ]

نگارخانه هنری کجاست؟
Wo ist die Kunstgalerie?
[voː ɪst diː ˈkʊnstgaləˌʀiː]

نزدیکترین ایستگاه تاکسی کجاست؟
Wo ist der nächste Taxistand?
[voː ɪst deːɐ̯ ˈnɛːçstə ˈtaksiˌʃtant]

کلیسا کجاست؟
Wo ist die Kirche?
[voː ɪst diː ˈkɪʁçə]

نزدیکترین ایستگاه مترو کجاست؟
Wo ist die nächste U-Bahn-Station?
[voː ɪst diː ˈnɛːçstə ˈuːbaːnʃtaˌtsi̯oːn]

حالا کجا هستیم؟
Wo sind wir jetzt?
[vo: zɪnt vi:ɐ̯ jɛt͡st]

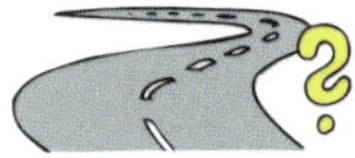

اسم این خیابان چیست؟
Wie heißt diese Straße?
[vi: haɪ̯st 'di:zə 'ʃtʀa:sə]

اسم این ناحیه چیست؟
Wie heißt dieser Stadtteil?
[vi: haɪ̯st 'di:zɐ 'ʃtatˌtaɪ̯l]

اسم این شهر چیست؟
Wie heißt diese Stadt?
[vi: haɪ̯st 'di:zə ʃtat]

من راهم را گم کرده ام.
Ich habe mich verlaufen.
[ɪç 'ha:bə mɪç fɛɐ̯'laʊ̯fn̩]

آیا از اینجا خیلی دور است؟
Ist es weit weg von hier?
[ɪst ɛs vaɪ̯t vɛk fɔn hi:ɐ̯]

لطفاً یک نقشه اینجا بکشید.
Bitte zeichnen Sie hier einen Plan.
ɪtə 't͡saɪ̯çnən zi: hi:ɐ̯ 'aɪ̯nən pla:n]

Im Museum - در موزه

آیا موزه برای بازدید عموم باز است؟
Ist das Museum der Öffentlichkeit zugänglich?
[ɪst das ˌmuˈzeːʊm deːɐ̯ ˈœfn̩tlɪçˌkaɪ̯t ˈt͡suːˌɡɛŋlɪç]

ورودیه چه قدر است؟
Was kostet der Eintritt?
[vas ˈkoːstət deːɐ̯ ˈaɪ̯nˌtʀɪt]

موزه چه ساعتی باز می شود؟
Um wie viel Uhr wird das Museum geöffnet?
[ʊm viː fiːl uːɐ̯ vɪʁt das ˌmuˈzeːʊm ˌɡəˈʔœfnət]

موزه چه ساعتی تعطیل می شود؟
Um wie viel Uhr wird das Museum geschlossen?
[ʊm viː fiːl uːɐ̯ vɪʁt das ˌmuˈzeːʊm ˌɡəˈʃlɔsən]

آیا برای افراد معلول امکان دسترسی وجود دارد؟
Gibt es einen behindertengerechten Zugang?
[giːpt ɛs ˈaɪ̯nən bəˈhɪndɐtn̩ɡəˌʀɛçtən ˈt͡suːɡaŋ]

آیا راهنمای صوتی به زبان انگلیسی دارید؟
Gibt es einen englischsprachigen Hör-Reiseführer?
[giːpt ɛs ˈaɪ̯nən ˈɛŋlɪʃʃpʀaːχɪɡn̩ ˈhøːɐ̯ˌʀaɪ̯zəˌfyːʀɐ]

اشکالی ندارد از من یک عکس بگیرید؟
Würden Sie bitte ein Bild von mir machen?
[vʏʁdən zi: 'bɪtə aɪ̯n bɪlt fɔn mi:ɐ̯ 'maχn̩]

آیا می توانم از فلاش استفاده کنم؟
Darf ich den Blitz benutzen?
[daʁf ɪç de:n blɪts ˌbə'nʊtsn̩]

آیا می توانم اینجا عکس بگیرم؟
Darf ich hier fotografieren?
[daʁf ɪç hi:ɐ̯ ˌfotogʀa'fi:ʀən]

کلمات مفید

Besuchszeiten [bə'zu:χsˌtsaɪ̯tn̩] . . . . ساعات بازدید
Geöffnet [gə'ʔœfnət] . . . . باز
Geschlossen [gə'ʃlɔsən] . . . . تعطیل
Freier Eintritt ['fʀaɪ̯ɐ 'aɪ̯nˌtʀɪt] . . . . ورود رایگان
erbaut um [ɛɐ̯'baʊ̯t ʊm] . . . . ساخته شده در
gegründet um [gə'gʀʏndət ʊm] . . . . تأسیس شده در
Maler ['ma:lɐ] . . . . نقاش
Meisterwerk ['maɪ̯stɐˌvɛʁk] . . . . شاهکار
Ausstellung ['aʊ̯sˌʃtɛlʊŋ] . . . . نمایشگاه
König ['kø:nɪç] . . . . شاه
Königin ['kø:nɪgɪn] . . . . ملکه
Nur für Mitarbeiter [nu:ɐ̯ fy:ɐ̯ 'mɪtʔaʁˌbaɪ̯tɐ]. . . . . فقط پرسنل
Bitte nicht berühren ['bɪtə nɪçt bə'ʀy:ʀən] . . . . دست نزنید

آیا برنامه رویدادها را دارید؟
Haben Sie ein Veranstaltungsprogramm?
['ha:bən zi: aɪ̯n fɛɐ̯'ʔanʃtaltʊŋspʀoˌgʀam]

امکان دارد برنامه را به من بدهید؟
Kann ich bitte das Programm haben?
[kan ɪç 'bɪtə das pʀo'gʀam 'ha:bən]

امکان دارد یک کنسرت به من توصیه کنید؟
Können Sie mir ein Konzert empfehlen?
['kœnən zi: mi:ɐ̯ aɪ̯n kɔn'tsɛʁt ˌɛm'pfe:lən]

آیا جایی برای امشب خالی مانده است؟
Gibt es noch Plätze für heute Abend?
[gi:pt ɛs nɔχ 'plɛtsə fy:ɐ̯ 'hɔɪ̯tə 'a:bn̩t]

اجرا چه ساعتی شروع می شود؟
Um wie viel Uhr fängt die Vorstellung an?
[ʊm vi: fi:l u:ɐ̯ fɛŋt di: 'fo:ɐ̯ʃtɛlʊŋ an]

کنسرت چه ساعتی شروع می شود؟
Um wie viel Uhr fängt das Konzert an?
[ʊm vi: fi:l u:ɐ̯ fɛŋt das ˌkɔn'tsɛʁt an]

چه مدت طول می کشد؟
Wie lange dauert es?
[vi: 'laŋə 'daʊ̯ɐt ɛs]

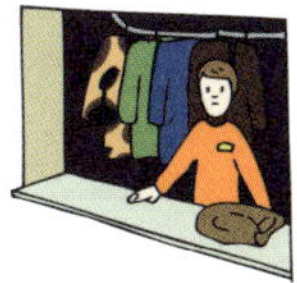

جامه داری کجاست؟
Wo ist die Garderobe?
[vo: ɪst di: ˌgaʁdə'ʀo:bə]

Unterhaltung/Filme/Theater - سرگرمی/سینما/تئاتر

آیا دوست دارید با من به تئاتر بیایید؟
Möchten Sie mit mir ins Theater gehen?
['mœçtn̩ ziː mɪt miːɐ̯ ɪns ˌte'aːtɐ 'geːən]

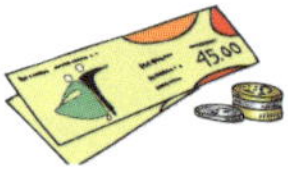

من بلیط می گیرم.
Ich besorge die Eintrittskarten.
[ɪç bə'zɔʁgə diː 'aɪ̯ntʀɪtsˌkaʁtən]

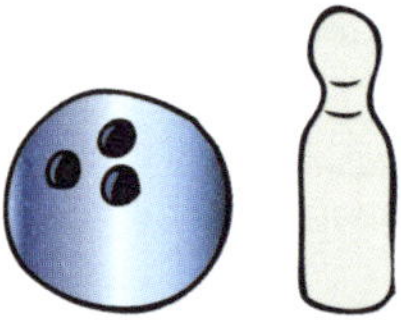

آیا تا باشگاه بولینگ خیلی راه است؟
Ist es weit bis zum Bowlingklub?
[ɪst ɛs vaɪ̯t bɪs tsʊm 'boːlɪŋˌklʊp]

آیا تا کاباره خیلی راه است؟
Ist es weit bis zum Nachtklub?
st ɛs vaɪ̯t bɪs tsʊm 'naχtˌklʊp]

آیا تا دیسکو خیلی راه است؟
Ist es weit bis zur Disko?
[ɪst ɛs vaɪ̯t bɪs tsuːɐ̯ 'dɪsko]

چه نوع موسیقی می نوازند؟
Welche Musik wird dort gespielt?
['vɛlçə mu'ziːk vɪʁt dɔʁt gə'ʃpiːlt]

آیا ورودیه دارد؟
Ist der Eintritt gebührenpflichtig?
[ɪst deːɐ̯ 'aɪ̯nˌtʀɪt gə'byːʀənˌpflɪçtɪç]

Bank

بانک

بانک تا کی باز است؟
Bis wann ist die Bank geöffnet?
[bɪs van ɪst di: baŋk ˌgə'ʔœfnət]

صرافی تا کی باز است؟
Bis wann ist die Wechselstube geöffnet?
[bɪs van ɪst di: 'vɛksl̩ʃtu:bə ˌgə'ʔœfnət]

نزدیکترین صرافی کجاست؟
Wo ist die nächste Wechselstube?
[vo: ɪst di: 'nɛ:çstə 'vɛksl̩ʃtu:bə]

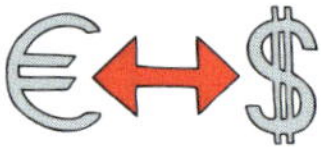

آیا می توانم از کارت اعتباریم اینجا برداشت کنم؟
Kann ich hier Geld mit meiner Kreditkarte abheben?
[kan ɪç hi:ɐ̯ gɛlt mɪt maɪ̯nɐ kʀe'di:tˌkaʁtə 'apˌhe:bn̩]

دستگاه های خودپرداز کجا هستند؟
Wo sind die Geldautomaten?
[vo: zɪnt di: 'gɛltʔaʊ̯toˌma:tn̩]

کلمات مفید

Geldautomat ['gɛltʔaʊ̯toˌma:t]	دستگاه خودپرداز
Bank [baŋk]	بانک
Geld [gɛlt]	پول
Bargeld ['ba:ɐ̯ˌgɛlt]	پول نقد
Banknoten ['baŋkˌno:tn̩]	اسکناس
Münzen ['mʏntsn̩]	سکه
Quittung ['kvɪtʊŋ]	رسید
Provision [ˌpʀovi'zi̯o:n]	حق کمیسیون
Reisescheck ['ʀaɪ̯zəʃɛk]	چک مسافرتی
Zinssatz ['tsɪnsˌzats]	نرخ بهره
Visa-Karte ['vi:zaˌkaʁtə]	ویزا
MasterCard ['ma:stɐka:d]	مسترکارت
American Express Karte [ə'merɪkən ɛks'pʀɛs 'kaʁtə]	امریکن اکسپرس

Einzahlung/Abhebung - واریز/برداشت

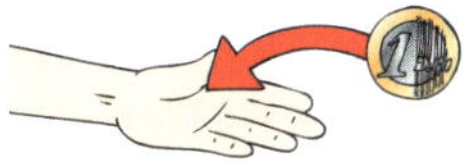

من می خواهم مقداری پول برداشت کنم.
Ich möchte etwas Geld abheben.
[ɪç 'mœçtə 'ɛtvas gɛlt 'apˌheːbn̩]

من می خواهم مقداری پول واریز کنم.
Ich möchte etwas Geld einzahlen.
[ɪç 'mœçtə 'ɛtvas gɛlt 'aɪ̯nˌt͡saːlən]

من می خواهم یک حساب پس انداز باز کنم.
Ich möchte ein Sparkonto eröffnen.
[ɪç 'mœçtə aɪ̯n 'ʃpaɐ̯ˌkɔnto ˌɛɐ̯'ʔœfnən]

آیا گذرنامه من لازم است؟
Brauchen Sie meinen Reisepass?
['bʀaʊ̯xən ziː 'maɪ̯nən 'ʀaɪ̯zəˌpas]

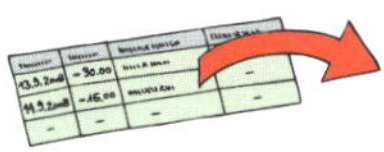

من یک قبض برداشت می خواهم.
Ich brauche einen Auszahlungsbeleg.
[ɪç 'bʀaʊ̯xə 'aɪ̯nən 'aʊ̯sˌt͡saːlʊŋsbəˌleːk]

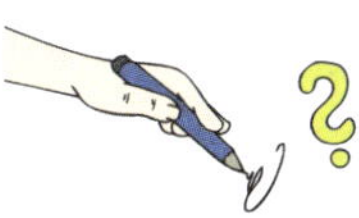

کجا را باید امضاء کنم؟
Wo soll ich unterschreiben?
[voː zɔl ɪç ˌʊntɐ'ʃʀaɪ̯bən]

من می خواهم یک حساب باز کنم.
Ich möchte ein Konto eröffnen.
[ɪç 'mœçtə aɪ̯n 'kɔnto ˌɛɐ̯'ʔœfnən]

من می خواهم یک حساب جاری باز کنم.
Ich möchte ein Girokonto eröffnen.
[ɪç 'mœçtə aɪ̯n 'ʒiːʀoˌkɔnto ˌɛɐ̯'ʔœfn

من یک قبض واریز می خواهم.
Ich brauche einen Einzahlungsbeleg.
[ɪç 'bʀaʊ̯xə 'aɪ̯nən 'aɪ̯nˌt͡saːlʊŋsbəˌle

کارت شناسایی من است.
Hier ist mein Auswe
[hiːɐ̯ ɪst maɪ̯n 'aʊ̯sˌva

مبادله ارز - Geldwechsel

کجا می توانم ارز مبادله کنم؟
Wo kann ich Geld wechseln?
[vo: kan ɪç gɛlt 'vɛksl̩n]

حق کمیسیون چقدر است؟
Wie hoch ist die Provision?
[vi: ho:χ ɪst di: ˌpʀovi'zi̯o:n]

آیا امکان دارد این اسکناس را برای من خرد کنید؟
Können Sie mir diesen Schein wechseln?
['kœnən zi: mi:ɐ̯ 'di:zən ʃaɪ̯n 'vɛksl̩n]

کلمات مفید

Geldwechsel ['gɛltˌvɛksl̩]	مبادله ارز
Dollar ['dɔlaʁ]	دلار
Euro ['ɔɪ̯ʀo]	یورو
Pfund [pfʊnt]	پوند
Peso ['pe:zo]	پزو
Rupie ['ʀu:pi̯ə]	روپیه
Rubel ['ʀu:bl̩]	روبل
Dinar [di'na:ɐ̯]	دینار
Schekel ['ʃe:kl̩]	شکل
Lari ['laʀɪ]	لاری
Yuan ['ju:an]	یوآن
Real [ʀe'a:l]	ریل
Yen [jɛn]	ین
Won [vɔn]	وون

راههای ارتباطی
Kommunikation

نزدیکترین اداره پست کجاست؟
Wo ist das nächste Postamt?
[voː ɪst das ˈnɛːçstə ˈpɔstˌʔamt]

امکان دارد لطفاً راه اداره پست را به من نشان دهید؟
Würden Sie mir bitte den Weg zum Postamt zeigen?
[ˈvʏʁdən ziː miːɐ̯ ˈbɪtə deːn veːk tsʊm ˈpɔstˌʔamt ˈʦaɪ̯gn̩]

نزدیکترین کافی نت کجاست؟
Wo ist das nächste Internetcafé?
[voː ɪst das ˈnɛːçstə ˈɪntɐnɛtkaˌfeː]

از کجا می توانم تمبر و کارت پستال بگیرم؟
Wo kann ich Briefmarken und Postkarten kaufen?
[voː kan ɪç ˈbʁiːfˌmaʁkn̩ ʊnt ˈpɔstˌkaʁtn̩ ˈkaʊ̯fn̩]

شعبه دریافت نامه کجاست؟
Wo sind die postlagernden Sendungen?
[voː zɪnt diː ˈpɔstˌlaːgɐndn̩ ˈzɛndʊŋən]

Postamt - اداره پست

تمبر
Briefmarke
['bʀi:fˌmaʁkə]

بسته
Päckchen
['pɛkçən]

کارت پستال
Postkarte
['pɔstˌkaʁtə]

صندوق پستی
Briefkasten
['bʀi:fˌkastn̩]

نامه
Brief
[bʀi:f]

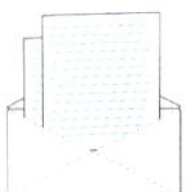

پاکت نامه
Umschlag
['ʊmʃla:k]

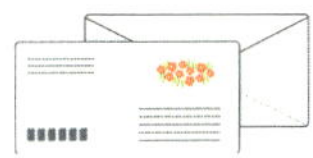

تمبر این نامه ها چقدر می شود؟
Was kosten Briefmarken für diese Briefe?
[vas 'kɔstn̩ 'bʀi:fˌmaʁkn̩ fy:ɐ̯ 'di:zə 'bʀi:fə]

آیا می دانید هزینه پست تا اروپا چقدر است؟
Wie hoch ist das Porto nach Europa?
[vi: ho:χ ɪst das 'pɔʁto na:χ ˌɔɪ̯'ʀo:pa]

من یک خودکار لازم دارم.
Ich brauche einen Stift.
[ɪç ˈbʀaʊ̯xə ˈaɪ̯nən ʃtɪft]

من می خواهم این را با پست پیشتاز بفرستم.
Ich möchte das hier als Eilsendung verschicken.
[ɪç ˈmœçtə das hiːɐ̯ als ˈaɪ̯lˌzɛndʊŋ fɛɐ̯ˈʃɪkn̩]

من می خواهم این را با پست سفارشی بفرستم.
Ich möchte das hier per Einschreiben verschicken.
[ɪç ˈmœçtə das hiːɐ̯ pɛʁ ˈaɪ̯nˌʃʀaɪ̯bn̩ fɛɐ̯ˈʃɪkn̩]

من می خواهم این را با پست هوایی بفرستم.
Ich möchte das hier mit Luftpost verschicken.
[ɪç ˈmœçtə das hiːɐ̯ mɪt ˈlʊftˌpɔst fɛɐ̯ˈʃɪkn̩]

کلمات مفید

Postanschrift [ˈpɔstˌanʃʀɪft]	نشانی پستی
Absenderadresse [ˈapˌzɛndɐaˌdʀɛsə]	نشانی بازگشت
als Einschreiben [als ˈaɪ̯nˌʃʀaɪ̯bn̩]	سفارشی
versichert [fɛɐ̯ˈzɪçɐt]	بیمه شده
zerbrechlich [t͡sɛɐ̯ˈbʀɛçlɪç]	شکستنی
Inhalt [ˈɪnhalt]	محتویات
nach/von [naːx / fɔn]	به/از
Postleitzahl [ˈpɔstlaɪ̯tˌt͡saːl]	کد پستی
Telegramm [teleˈgʀam]	تلگرام

آیا امکان دارد از تلفن شما استفاده کنم؟
Kann ich Ihr Telefon benutzen?
[kan ɪç iːɐ̯ ˌtɛlɛˈfɔːn bəˈnʊtsn̩]

آیا می توانم مستقیماً شماره بگیرم؟
Kann ich direkt wählen?
[kan ɪç diˈʀɛkt ˈvɛːlən]

کجا می توانم در این حوالی یک تلفن عمومی پیدا کنم؟
Wo gibt es hier in der Nähe ein öffentliches Telefon?
[voː giːpt ɛs hiːɐ̯ ɪn deːɐ̯ ˈnɛːə aɪ̯n ˈœfn̩tˌlɪçəs ˌtɛlɛˈfɔːn]

من می خواهم یک تماس بین المللی بگیرم.
Ich möchte ein internationales Gespräch führen.
[ɪç ˈmœçtə aɪ̯n ˌɪntɐnatsi̯oˈnaːləs ɡəˈʃpʀɛːç ˈfyːʀən]

من می خواهم یک تماس با کارت اعتباری بگیرم.
Ich möchte ein Kreditkartengespräch führen.
[ɪç ˈmœçtə aɪ̯n kʀeˈdiːtˌkaʁtn̩ɡəʃpʀɛːç ˈfyːʀən]

خط اشغال است.
Die Leitung ist besetzt.
[diː ˈlaɪ̯tʊŋ ɪst bəˈzɛtst]

دقیقه ای چند است؟
Was kostet es pro Minute?
[vas ˈkoːstət ɛs pʀoː ˌmiˈnuːtə]

تلفن - Telefon

من شماره را اشتباه گرفتم.
Ich habe mich verwählt.
[ɪç 'ha:bə mɪç fɛɐ̯'vɛ:lt]

لطفاً پشت خط بمانید.
Bitte bleiben Sie am Apparat.
['bɪtə 'blaɪ̯bm̩ zi: am apa'ʀa:t]

من دوباره زنگ می زنم.
Ich rufe später noch einmal an.
[ɪç 'ʀu:fə 'ʃpɛ:tɐ nɔχ 'aɪ̯nma:l an]

آیا می توانید برای من شماره بگیرید؟
Können Sie für mich wählen?
['kœnən zi: fy:ɐ̯ mɪç 'vɛ:lən]

آیا می توانید برای من صحبت کنید؟
Können Sie für mich sprechen?
['kœnən zi: fy:ɐ̯ mɪç 'ʃpʀɛçn̩]

ممکن است آن را هجی کنید
Buchstabieren Sie bitte.
[bu:χʃta'bi:ʀən zi: 'bɪtə]

می توانم بپرسم اسم شما چیست؟
Wer spricht da, bitte?
[ve:ɐ̯ ʃpʀɪçt da: 'bɪtə]

Telefon تلفن

آیا امکان دارد پیغام بگذارم؟
Kann ich eine Nachricht hinterlassen?
[kan ɪç 'aɪ̯nə 'naːχˌʀɪçt ˌhɪntɐ'lasn̩]

از تماس شما متشکرم.
Vielen Dank für Ihren Anruf.
['fiːlən daŋk fyːɐ̯ 'iːʀən 'anˌʀuːf]

چه موقع بر می گردد؟
Wann ist er voraussichtlich zurück?
[van ɪst eːɐ̯ fo'ʀaʊ̯sˌzɪçtlɪç t͡su'ʀʏk]

لطفاً از او بخواهید با من تماس بگیرد.
Bitte sagen Sie ihm, er möge mich anrufen.
['bɪtə 'zaːgŋ̍ ziː iːm eːɐ̯ 'møgə mɪç 'anˌʀuːfn̩]

کلمات مفید

Ortsgespräch ['ɔʁtsgəˌʃpʀɛːç]	تماس محلی
Ferngespräch ['fɛʁngəˌʃpʀɛːç]	تماس بین المللی
Telefonkarte ['tɛˌlɛfɔːnˌkaʁtə]	کارت تلفن
Vermittlung [fɛɐ̯'mɪtlʊŋ]	اپراتور
Landesvorwahl ['landəsˌfoːɐ̯ˌvaːl]	کد کشور
Ortsvorwahl ['ɔʁtsˌfoːɐ̯ˌvaːl]	کد منطقه
Telefonbuch [tele'foːnˌbuːχ]	راهنمای تلفن
außer Betrieb [ˌaʊ̯sɐ bə'tʀiːp]	خراب

Internet - اینترنت

چطور می توانم وارد شوم؟
Wie kann man einloggen?
[vi: kan man 'aɪ̯n͵lɔgn̩]

آیا می توانم اینجا به اینترنت دسترسی داشته باشم؟
Kann ich hier ins Internet gehen?
[kan ɪç hi:ɐ̯ ɪns 'ɪntɐnɛt 'ge:ən]

هزینه ساعتی چند است؟
Wie hoch ist die Gebühr pro Stunde?
[vi: ho:χ ɪst di: gə'by:ɐ̯ pʀo: 'ʃtʊndə]

من می خواهم یک پیغام با پست الکترونیکی بفرستم.
Ich würde gerne eine E-Mail-Nachricht schicken.
[ɪç 'vʏʁdə 'gɛʁnə 'aɪ̯nə 'i:meɪ̯l͵na:χʀɪçt 'ʃɪkn̩]

نشانی پست الکترونیکی شما چیست؟
Wie ist Ihre E-Mail-Adresse?
[vi: ɪst 'i:ʀə 'i:meɪ̯lʔa͵dʀɛsə]

من می خواهم یک پیغام با فاکس بفرستم.
Ich würde gerne eine Faxnachricht schicken.
[ɪç 'vʏʁdə 'gɛʁnə 'aɪ̯nə 'faks͵na:χ͵ʀɪçt 'ʃɪkn̩]

در رستوران
Im Restaurant

رستوران خوبی در این حوالی هست؟
Gibt es hier in der Nähe gute Restaurants?
[gi:pt ɛs hi:ɐ̯ ɪn de:ɐ̯ 'nɛ:ə 'gu:tə ˌʀɛsto'ʀɑ̃:s]

رستوران ارزانی در این حوالی هست؟
Gibt es hier in der Nähe billige Restaurants?
[gi:pt ɛs hi:ɐ̯ ɪn de:ɐ̯ 'nɛ:ə 'bɪlɪgə ˌʀɛsto'ʀɑ̃:s]

رستوران غذای ملی در این حوالی هست؟
Gibt es hier in der Nähe authentische Restaurants?
[gi:pt ɛs hi:ɐ̯ ɪn de:ɐ̯ 'nɛ:ə aʊ̯'tɛntɪʃə ˌʀɛsto'ʀɑ̃:s]

رستوران گیاه خواری در این حوالی هست؟
Gibt es hier in der Nähe vegetarische Restaurants?
gi:pt ɛs hi:ɐ̯ ɪn de:ɐ̯ 'nɛ:ə ˌvege'ta:ʀɪʃə ˌʀɛsto'ʀɑ̃:s]

کجا می توانم یک کافی شاپ پیدا کنم؟
Wo kann ich einen Kaffeeshop finden?
[vo: kan ɪç 'aɪ̯nən 'kafeˌʃɔp 'fɪndn̩]

کجا می توانم یک چایخانه پیدا کنم؟
Wo kann ich eine Teestube finden?
[vo: kan ɪç 'aɪ̯nə 'te:ʃtu:bə 'fɪndn̩]

کجا می توانم یک غذاخوری پیدا کنم؟
Wo kann ich ein Speiselokal finden?
[vo: kan ɪç aɪ̯n 'ʃpaɪ̯zəlo͵ka:l 'fɪndn̩]

کجا می توانم یک رستوران فست فود پیدا کنم؟
Wo kann ich ein Fastfood-Restaurant finden?
[vo: kan ɪç aɪ̯n 'fa:stfu:tʀɛsto͵ʀɑ̃: 'fɪndn̩]

جایی که خیلی گران نباشد.
Ein Lokal, wo es nicht zu teuer ist.
[aɪ̯n lo'ka:l vo: ɛs nɪçt ʦu: 'tɔɪ̯ɐ ɪst]

من می خواهم به یک رستوران هندی بروم.
Ich möchte in ein indisches Restaurant gehen.
[ɪç 'mœçtə ɪn aɪ̯n 'ɪndɪʃəs ͵ʀɛsto'ʀɑ̃: 'ge:ən]

آیا امکان دارد ترتیب رزرو را برای من بدهید؟
Können Sie für mich eine Reservierung machen?
['kœnən zi: fy:ɐ̯ mɪç 'aɪ̯nə ͵ʀezɛʁ'vi:ʀʊŋ 'maχn̩]

آیا می توانم یک نمونه از غذای محلی را آنجا بچشم؟
Kann ich dort einheimische Gerichte probieren?
[kan ɪç dɔʁt ˈaɪ̯nˌhaɪ̯mɪʃə ˌɡəˈʀɪçtə ˌpʀoˈbiːʀən]

من می خواهم بهترین غذای محلی را بخورم.
Ich möchte die besten einheimischen Gerichte essen.
[ɪç ˈmœçtə diː ˈbɛstn̩ ˈaɪ̯nˌhaɪ̯mɪʃn̩ ɡəˈʀɪçtə ˈɛsn̩]

من می خواهم یک میز برای امشب رزرو کنم.
Ich möchte einen Tisch für heute Abend bestellen.
[ɪç ˈmœçtə ˈaɪ̯nən tɪʃ fyːɐ̯ ˈhɔɪ̯tə ˈaːbn̩t ˌbəˈʃtɛlən]

ساعت ۷ می آییم.
Wir kommen um sieben Uhr.
[viːɐ̯ ˈkɔmən ʊm ˈziːbm̩ uːɐ̯]

برای صبحانه چه ساعتی باز می کنید؟
Um wie viel Uhr werden Sie zum Frühstück geöffnet?
[ʊm viː fiːl uːɐ̯ ˈveːɐ̯dn̩ ziː tsʊm ˈfʀyːʃtʏk ˌɡəˈʔœfnət]

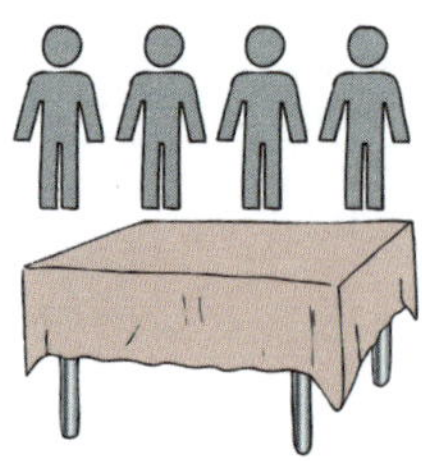

من یک میز برای ٤ نفر می خواهم.
Ich hätte gerne einen Tisch für vier Personen.
[ɪç ˈhɛtə ˈɡɛʁnə ˈaɪ̯nən tɪʃ fyːɐ̯ fiːɐ̯ ˌpɛʁˈzoːnən]

Speisen bestellen - سفارش غذا

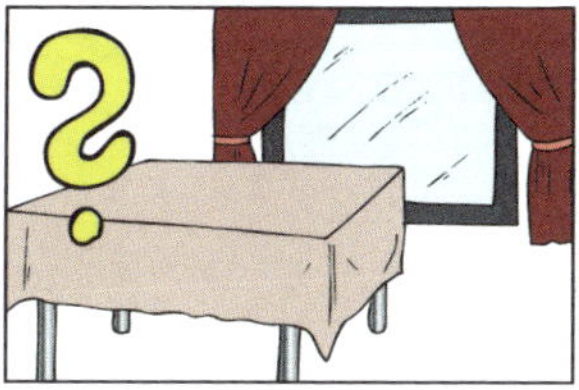

آیا میزی کنار پنجره دارید؟
Haben Sie einen Tisch am Fenster?
['ha:bən zi: 'aɪ̯nən tɪʃ am 'fɛnstɐ]

امکان دارد آنجا بنشینم؟
Kann ich dort drüben sitzen?
[kan ɪç dɔʁt dʀy:bn̩ 'zɪʦn̩]

امکان دارد در قسمت سیگاری ها بنشینم؟
Kann ich im Raucherbereich sitzen?
[kan ɪç ɪm 'ʀaʊ̯χɐbə͵ʀaɪ̯ç 'zɪʦn̩]

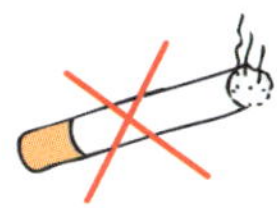

امکان دارد در قسمت غیر سیگاری ها بنشینم؟
Kann ich im Nichtraucherbereich sitzen?
[kan ɪç ɪm 'nɪçt͵ʀaʊ̯χɐbə͵ʀaɪ̯ç 'zɪʦn̩]

من می خواهم سفارش بدهم.
Ich möchte eine Bestellung aufgeben.
[ɪç 'mœçtə 'aɪ̯nə bə'ʃtɛlʊŋ 'aʊ̯f͵ge:bn̩]

من می خواهم منو را ببینم.
Ich möchte die Speisekarte sehen.
[ɪç 'mœçtə di: 'ʃpaɪ̯zə͵kaʁtə 'ze:ən]

من فقط یک سالاد می خواهم.
Ich hätte gerne nur einen Salat.
[ɪç 'hɛtə 'gɛʁnə nu:ɐ̯ 'aɪ̯nən za'la:t]

من یک نوشیدنی می خواهم.
Ich hätte gerne etwas zu trinken.
[ɪç 'hɛtə 'gɛʁnə 'ɛtvas ʦu: 'tʀɪŋkn̩]

Speisen bestellen - سفارش غذا

غذای مخصوص شما چیست؟
Was ist die Spezialität des Hauses?
[vas ɪst di: ʃpet͡si̯ali'tɛ:t dɛs 'haʊ̯zəs]

من می خواهم غذا سفارش بدهم.
Ich möchte ein Gericht bestellen.
[ɪç 'mœçtə aɪ̯n gə'ʀɪçt ˌbə'ʃtɛlən]

در رستوران: اشتها آورها

Kartoffelchips [kaʁ'tɔfl̩ˌt͡ʃɪps]	چیپس سیب زمینی
Biernüsse ['bi:ɐ̯ˌnʏsə]	آجیل آبجو
Toast [toʊ̯st]	نان تست
Knoblauchbrot ['kno:pˌlaʊ̯χˌbʀo:t]	نان سیر
Salat [za'la:t]	سالاد
Salatbar [za'la:tˌba:ɐ̯]	میز سالاد
Chefsalat ['ʃɛfzaˌla:t]	سالاد سرآشپز
griechischer Salat ['gʀi:çɪʃɐ za'la:t]	سالاد یونانی
grüner Salat ['gʀy:nɐ za'la:t]	سالاد سبزیجات
Cäsar-Salat ['t͡sɛ:zaʁzaˌla:t]	سالاد سزار
Obstsalat ['o:pstzaˌla:t]	سالاد میوه
Kartoffelsalat [kaʁ'tɔfl̩zaˌla:t]	سالاد سیب زمینی
Krautsalat ['kʀaʊ̯tzaˌla:t]	سالاد کلم
Krabbensalat ['kʀabn̩zaˌla:t]	کوکتل میگو

من هر چیزی شما توصیه کنید می خورم.
Ich nehme das, was Sie empfehlen.
[ɪç 'ne:mə das vas zi: ˌɛm'pfe:lən]

Austereintopf ['au̯stɐˌaɪ̯ntɔpf]	سوپ صدف
Omelette [ɔm'lɛt]	املت
weichgekochte Eier ['vaɪ̯çgəˌkɔχtə 'aɪ̯əʁ]	تخم مرغ عسلی
hartgekochte Eier ['haʁtgəˌkɔχtə 'aɪ̯əʁ]	تخم مرغ سفت
Cornflakes ['koːɐ̯nfleːks]	برشتوک
Haferflocken ['haːfɐflɔkən]	حریره جوی دوسر
Hühnerflügel ['hyːnɐˌflyːgl̩]	بال جوجه
Hamburger ['hamˌbʊʁgɐ]	همبرگر
belegtes Brötchen [bə'leːktəs 'bʀøːtçən]	ساندویچ
Lachsbrot ['laksˌbʀoːt]	ساندویچ ماهی آزاد
Sardinenbrot [zaʁ'diːnənˌbʀoːt]	ساندویچ ساردین
Club-Sandwich ['klʊpˌzɛntvɪʧ]	کلاب ساندویچ
Cheeseburger ['ʧizˌbɜrgər]	چیزبرگر
Hot Dog ['hɔtdɔk]	هات داگ
Kebab [ke'ba(ː)p]	کباب

در رستوران: سوپ

erster Gang ['eːɐ̯stɐ gaŋ]	بخش اول
Fleischbrühe/Brühe ['flaɪ̯ʃˌbʀyːə / 'bʀyːə]	شوربا/آبگوشت
Cremesuppe ['kʀɛːmˌzʊpə]	سوپ خامه ای
Brokkolisuppe ['bʀɔkoliˌzʊpə]	سوپ بروکلی
Pilzsuppe ['pɪltsˌzʊpə]	سوپ قارچ
Tomatensuppe [to'maːtənˌzʊpə]	سوپ گوجه فرنگی
Zwiebelsuppe ['tsviːbl̩ˌzʊpə]	سوپ پیاز
Kürbissuppe ['kʏʁbɪsˌzʊpə]	سوپ کدو تنبل
Bohnensuppe ['boːnənˌzʊpə]	سوپ لوبیا
Ochsenschwanzsuppe ['ɔksn̩ʃvantsˌzʊpə]	سوپ دم گاو
sämige Muschelsuppe ['zɛːmɪgə 'mʊʃl̩ˌzʊpə]	آبگوشت حلزون
Maissuppe ['maɪ̯sˌzʊpə]	آبگوشت ذرت

Speisen bestellen - سفارش غذا

آیا غذای گیاهخواری دارید؟
Kann man bei Ihnen vegetarisches Essen bekommen?
[kan man baɪ̯ ˈiːnən ˌvegeˈtaːʀɪʃəs ˈɛsn̩ ˌbəˈkɔmən]

آیا غذای دیابتی دارید؟
Kann man bei Ihnen Essen für Diabetiker bekommen?
[kan man baɪ̯ ˈiːnən ˈɛsn̩ fyːɐ̯ ˌdiaˈbeːtikɐ ˌbəˈkɔmən]

آیا گران است؟
Ist das teuer?
[ɪst das ˈtɔɪ̯ɐ]

آیا سبک است؟
Ist das leicht?
[ɪst das laɪ̯çt]

آیا شکم پر کن است؟
Macht das satt?
[maχt das zat]

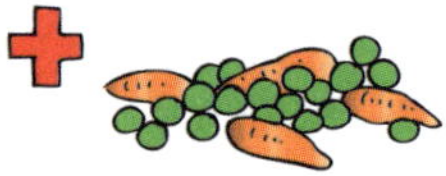

یک پرس دیگر سبزیجات، لطفاً.
Bitte noch eine Portion Gemüse.
[ˈbɪtə nɔχ ˈaɪ̯nə pɔʁˈtsi̯oːn ˌgəˈmyːzə]

من هنوز آماده سفارش دادن نیستم.
Ich bin noch nicht bereit, eine Bestellung zu machen.
[ɪç bɪn nɔχ nɪçt bəˈʀaɪ̯t ˈaɪ̯nə ˌbəˈʃtɛlʊŋ tsuː ˈmaχn̩]

آیا خوش طعم است؟
Ist das lecker?
[ɪst das ˈlɛkɐ]

من این را می خورم.
Ich nehme das.
[ɪç ˈneːmə das]

من هم همین را می خواهم.
Ich nehme dasselbe.
[ɪç ˈneːmə dasˈzɛlbə]

من استیک با سیب زمینی پخته می خورم.
Ich nehme ein Steak mit Backkartoffeln.
[ɪç 'ne:mə aɪ̯n ste:k mɪt 'bakkaʁˌtɔfl̩n]

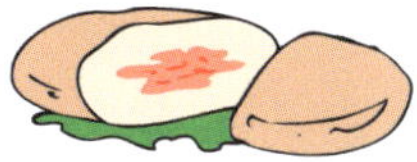

نیم پز خام لطفاً.
Medium, bitte.
['me:di̯ʊm 'bɪtə]

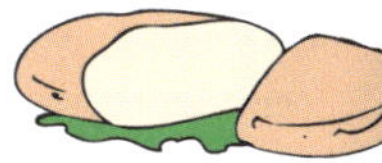

برشته لطفاً.
Durch, bitte.
[dʊʁç 'bɪtə]

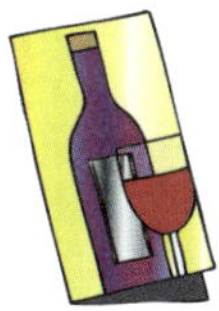

لطفاً فهرست شرابها را به من نشان دهید.
Bitte zeigen Sie mir die Weinkarte.
['bɪtə 'ʦaɪ̯gn̩ zi: mi:ɐ̯ di: 'vaɪ̯nˌkaʁtə]

چه نوع شرابی دارید؟
Welche Weinsorten haben Sie?
['vɛlçə 'vaɪ̯nzɔʁtn̩ 'ha:bən zi:]

من یک بطری شراب سفید می خواهم.
Ich hätte gerne eine Flasche Weißwein.
[ɪç 'hɛtə 'gɛʁnə 'aɪ̯nə 'flaʃə 'vaɪ̯sˌvaɪ̯n]

من یک بطری شراب قرمز می خواهم.
Ich hätte gerne eine Flasche Rotwein.
[ɪç 'hɛtə 'gɛʁnə 'aɪ̯nə 'flaʃə 'ʁo:tˌvaɪ̯n]

یک بطری کامل چقدر می شود؟
Was kostet eine ganze Flasche?
[vas 'kɔstət 'aɪ̯nə 'ganʦə 'flaʃə]

یک لیوان چقدر می شود؟
Was kostet ein Glas?
[vas 'kɔstət aɪ̯n gla:s]

کلمات مفید

Hauptgericht ['haʊ̯ptgəˌʀɪçt]	غذای اصلی
Hühnerbrust ['hy:nɐbʀʊst]	سینه مرغ
Putenbrust ['pu:tn̩ˌbʀʊst]	سینه بوقلمون
Bruststück ['bʀʊstʃtʏk]	گوشت سینه
Filet [fi'le:]	فیله
Nieren ['ni:ʀən]	قلوه
Lende ['lɛndə]	گوشت گرده
Rippen ['ʀɪpn̩]	دنده
Rücken ['ʀʏkn̩]	گوشت گرده
Rippchen ['ʀɪpçən]	گوشت دنده خوک
Lendenstück ['lɛndn̩ʃtʏk]	فیله
Zunge ['ʦʊŋə]	زبان
Kotelett [kɔt'lɛt]	گوشت با استخوان
Hacksteak ['haksteɪ̯k]	کباب
Schnitzel ['ʃnɪʦl̩]	گوشت بریان خوک
Mini-Filet ['mɪnifiˌle:]	فیله مینیون
Steak-Filet ['ste:kfiˌle:]	استیک فیله
Gulasch ['gʊlaʃ]	گولاش
Fleischkäse ['flaɪ̯ʃˌkɛ:zə]	میت لوف
Schmorbraten ['ʃmo:ɐ̯ˌbʀa:tn̩]	قورمه
Fleicheintopf ['flaɪ̯ʃˌaɪ̯ntɔpf]	تاس کباب گاو
Lammeintopf ['lamˌaɪ̯ntɔpf]	تاس کباب بره
Karnickeleintopf [kaʁ'nɪkl̩ˌaɪ̯ntɔpf]	تاس کباب خرگوش
Bœuf Stroganoff [bu:f 'ʃtʁo:ganɔf]	بیف استروگانف
Kochfleisch ['kɔχˌflaɪ̯ʃ]	گوشت گاو آب پز
Rinderbraten ['ʀɪndɐˌbʀa:tn̩]	رست بیف
Hühnerbraten ['hy:nɐˌbʀa:tn̩]	جوجه کباب
Entenbraten ['ɛntn̩ˌbʀa:tn̩]	گوشت اردک کباب شده
Schweinebraten ['ʃvaɪ̯nəˌbʀa:tn̩]	گوشت خوک کباب شده
Truthahnbraten ['tʀu:tˌha:nˌbʀa:tn̩]	گوشت بوقلمون کباب شده

کلمات مفید

Kalbsbraten ['kalps,bʀa:tn̩] . . . . گوشت گوساله کباب شده
Schweizer Steak ['ʃvaɪ̯tsɐ ste:k] . . . . استیک سویسی
T-bone-Steak ['ti:bəʊn,ste:k] . . . . استیک گوشت گاو با استخوان
Rib-Eye-Steak ['ʀi:baɪ,ste:k] . . . . استیک گوشت نرم بدون استخوان
Brat-Steak ['bʀa:t,ste:k] . . . . استیک سرخ شده در ماهی تابه
Beikost/Beilage/Garnierung ['baɪ̯,kɔst / 'baɪ̯,la:gə] . . . . غذای جانبی/چاشنی
Pommes frites [pɔm'frɪt] . . . . سیب زمینی سرخ کرده
Nudeln ['nu:dl̩n] . . . . رشته فرنگی
Schmorlauch ['ʃmo:ɐ̯,laʊ̯χ] . . . . تره فرنگی پخته
Püree [py'ʀe:] . . . . پوره
Reis [ʀaɪ̯s] . . . . برنج
Pasta ['pasta] . . . . پاستا
Makkaroni [maka'ʀo:nɪ] . . . . ماکارونی
Spaghetti [ʃpa'gɛti] . . . . اسپاگتی
Linguini [lɪŋ'gwini] . . . . لینگوینی
Fadennudeln/dünne Suppennudeln ['fa:dn̩,nu:dl̩n / dʏnə 'zʊpn̩,nu:dl̩n] . . . . ورمیشل
Pizza ['pɪtsa] . . . . پیتزا
Belag [bə'la:k] . . . . چاشنی روی غذا
gebacken [gə'bakən] . . . . پخته
gegrillt [gə'gʀɪlt] . . . . کبابی
gekocht [gə'kɔχt] . . . . آب پز
geschmort [gə'ʃmo:ɐ̯t] . . . . ملایم پخته شده
gebraten [gə'bʀa:tn̩] . . . . پوشیده با نان
abgekühlt ['apgə,ky:lt] . . . . سرد شده
auf Bestellung zubereitet [aʊ̯f bə'ʃtɛlʊŋ 'tsu:bə,ʀaɪ̯tət] . . . . سفارشی پخته شده
frittiert [,fʀɪ'ti:ɐ̯t] . . . . کاملًا سرخ شده در روغن
frisch [fʀɪʃ] . . . . تازه
selbst gemacht [zɛlpst gə'maχt] . . . . خانگی

Service - سرویس

من یک فنجان قهوه می خواهم.
Ich hätte gerne eine Tasse Kaffee.
[ɪç 'hɛtə 'gɛʁnə 'aɪ̯nə 'tasə 'kafe]

آب گریپ فروت.
Grapefruitsaft.
['gʀe:pfʀu:tˌzaft]

آب پرتقال.
Orangensaft.
[o'ʀã:ʒn̩ˌzaft]

آب میوه.
Fruchtsaft.
['fʀʊχtˌzaft]

آب گوجه.
Tomatensaft.
[to'ma:tn̩ˌzaft]

برای دسر چی دارید؟
Was haben Sie zum Nachtisch?
[vas 'ha:bən zi: tsʊm 'na:χˌtɪʃ]

امکان دارد یک لیوان آبجو به من بدهید؟
Kann ich ein Glas Bier haben?
[kan ɪç aɪ̯n gla:s bi:ɐ̯ 'ha:bən]

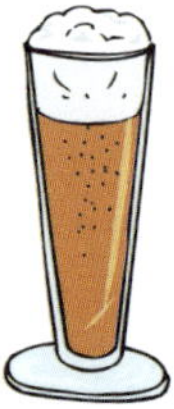

امکان دارد مقداری روغن به من بدهید؟
Könnten Sie bitte etwas Öl bringen?
['kœntn̩ zi: 'bɪtə 'ɛtvas ø:l 'bʀɪŋən]

امکان دارد مقداری فلفل به من بدهید؟
Könnten Sie bitte etwas Pfeffer bringen?
['kœntn̩ zi: 'bɪtə 'ɛtvas 'pfɛfɐ 'bʀɪŋən]

امکان دارد مقداری نمک به من بدهید؟
Könnten Sie bitte etwas Salz bringen?
['kœntn̩ zi: 'bɪtə 'ɛtvas zalʦ 'bʀɪŋən]

امکان دارد مقداری شکر به من بدهید؟
Könnten Sie bitte etwas Zucker bringen?
['kœntn̩ zi: 'bɪtə 'ɛtvas 'ʦʊkɐ 'bʀɪŋən]

امکان دارد یک فنجان تمیز به من بدهید؟
Kann ich bitte eine saubere Tasse haben?
[kan ɪç 'bɪtə 'aɪ̯nə 'zaʊ̯bəʀə 'tasə 'ha:bən]

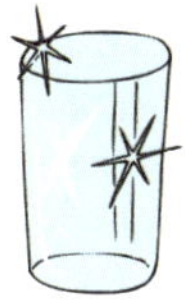

امکان دارد یک لیوان تمیز به من بدهید؟
Kann ich bitte ein sauberes Glas haben?
[kan ɪç 'bɪtə aɪ̯n 'zaʊ̯bəʀəs gla:s 'ha:bən]

یک سالاد فصل با سس فرانسوی.
Einen grünen Salat mit französischem Dressing.
['aɪ̯nən 'gʀy:nən za'la:t mɪt ˌfʀan'ʦø:zɪʃm̩ 'dʀɛsɪŋ]

aufgetaut ['au̯fgəˌtau̯t] . . . . آب شده
püriert [pyːˈʀiːɐ̯t] . . . . له شده.
gehackt [gəˈhakt] . . . . خرد کرده.
pochiert [pɔˈʃiːɐ̯t] . . . . آب پز شده.
geröstet [gəˈʀøːstət] . . . . کبابی
geräuchert [gəˈʀɔɪ̯çɐt] . . . . دودی
scharf/heiß [ʃaʁf / haɪ̯s] . . . . تند
gedünstet [gəˈdʏnstət] . . . . خورشتی
gefüllt [gəˈfʏlt] . . . . پر شده.
blutig [ˈbluːtɪç] . . . . خام
halb durch [halp dʊʁç] . . . . نیم پز
durch [dʊʁç] . . . . کاملًا پخته

Dessert - دسر

Dessert [dɛˈseːɐ̯] . . . . دسر
Bananensplitter [baˈnaːnənʃplɪtɐ] . . . . دسر بستنی موز با خامه زده شده.
Vanille [vaˈnɪlə] . . . . وانیل.
Obstteller [ˈoːpstˌtɛlɐ] . . . . میوه ها
Kekse [ˈkeːksə] . . . . بیسکویت
Kuchen [ˈkuːχn̩] . . . . کیک.
Obst mit Teig überbacken [oːpst mɪt taɪ̯k yːbɐˈbakn̩] . . . . کیک کابلر
Obstkuchen [ˈoːpstˌkuːχn̩] . . . . کیک میوه
süßes Blätterteiggebäck [ˈzyːsəs ˈblɛtɐˌtaɪ̯kgəˌbɛk] . . . . شیرینی فرانسوی
Croissant [kʀo̯aˈsãː] . . . . کرواسان
Pfannkuchen [ˈpfanˌkuːχn̩] . . . . پنکیک
Obsttörtchen [ˈoːpstˌtœʁtçən] . . . . تارت
Apfelkuchen [ˈʔapfl̩ˌkuːχn̩] . . . . پای سیب.
Käsekuchen [ˈkɛːzəˌkuːχn̩] . . . . چیزکیک
Lebkuchen [ˈleːpˌkuːχn̩] . . . . شیرینی زنجبیلی.
Preiselbeersoße [ˈpʀaɪ̯zl̩beːɐ̯ˌzoːsə] . . . . چاشنی کران بری
Ahornsirup [ˈaːhɔʁnˌziːʀʊp] . . . . شربت افرا
Marmelade [ˌmaʁməˈlaːdə] . . . . مربا
Pudding [ˈpʊdɪŋ] . . . . پودینگ

Getränke - نوشیدنی ها

alkoholfrei ['alkoho:lfʀaɪ̯] . . . . بدون الکل
Cocktail ['kɔktɛɪ̯l] . . . . کوکتل
gerührt [gə'ʀy:ɐ̯t] . . . . هم زده شده
gemixt [gə'mɪkst] . . . . زده شده
Aperitif [apeʀi'ti:f] . . . . نوشابه پیش غذا.
Longdrink ['lɔŋdrɪŋk] . . . . نوشیدنی بزرگ
Schuss [ʃʊs] . . . . گیلاس
Weißwein ['vaɪ̯sˌvaɪ̯n] . . . . شراب سفید.
Schaumwein ['ʃaʊ̯mˌvaɪ̯n] . . . . شامپاین
Süßwein ['zy:sˌvaɪ̯n] . . . . شراب شیرین
trockener Wein ['tʀɔkənɐ vaɪ̯n] . . . . شراب گس
Rotwein ['ʀo:tˌvaɪ̯n] . . . . شراب قرمز
Roséwein [ʀo'ze:vaɪ̯n] . . . . شراب سرخ
Fassbier ['fasˌbi:ɐ̯] . . . . آبجوی بشکه ای.
löslicher Kaffee ['lø:zlɪçɐ 'kafe] . . . . قهوه فوری
schwarzer Kaffee ['ʃvaʁtsɐ 'kafe] . . . . قهوه خالص.
Cappuccino [ˌkapʊ'tʃi:no] . . . . کاپوچینو
entkoffeinierter Kaffee [ɛnt'kɔfeˌi:ni:ɐ̯tɐ 'kafe] . . . . قهوه بدون کافئین.
heiße Schokolade ['haɪ̯sə ʃoko'la:də] . . . . شکلات داغ
mit Zimt [mɪt tsɪmt] . . . . با دارچین.
mit Sahne [mɪt 'za:nə] . . . . با خامه.
mit Eis [mɪt aɪ̯s] . . . . با یخ.
mit Zitrone [mɪt tsi'tʀo:nə] . . . . با لیمو
mit Zucker [mɪt 'tsʊkɐ] . . . . با شکر

Service - سرویس

لطفاً کمی دیگر.
Ein bisschen mehr, bitte.
[aɪ̯n 'bɪsçən meːɐ̯ 'bɪtə]

کافیست، متشکرم.
Das ist genug, danke.
[das ɪst gə'nuːk 'daŋkə]

خوشمزه بود.
Es war lecker.
[ɛs vaːɐ̯ 'lɛkɐ]

امکان دارد فوراً آماده شود؟
Kann ich es sofort haben?
[kan ɪç ɛs zo'fɔʁt 'haːbən]

امکان دارد سیگار بکشم؟
Darf ich rauchen?
[daʁf ɪç 'ʁaʊ̯χn̩]

این سفارش من نیست.
Das ist nicht meine Bestellung.
[das ɪst nɪçt ˈmaɪ̯nə ˌbəˈʃtɛlʊŋ]

این به اندازه کافی نپخته است.
Das ist nicht genügend gekocht.
[das ɪst nɪçt ɡəˈnyːɡn̩t ɡəˈkɔχt]

سرد است.
Es ist kalt.
[ɛs ɪst kalt]

داغ است.
Es ist heiß.
[ɛs ɪst haɪ̯s]

سفت است.
Es ist zäh.
[ɛs ɪst t͡sɛː]

بیش از حد پخته است.
Es ist verkocht.
[ɛs ɪst ˌfɛɐ̯ˈkɔχt]

سفارش من هنوز نرسیده است.
Meine Bestellung ist noch nicht da.
['maɪ̯nə ˌbəˈʃtɛlʊŋ ɪst nɔχ nɪçt daː]

این به اندازه کافی تمیز نیست.
Das ist nicht sauber genug.
[das ɪst nɪçt 'zaʊ̯bɐ gəˈnuːk]

کلمات مفید

Brot [bʀoːt] . . . . نان
Butter ['bʊtɐ] . . . . کره
Margarine [maʁgaˈʀiːnə] . . . . کره گیاهی
Salz [zalʦ] . . . . نمک
Zucker ['ʦʊkɐ] . . . . شکر
Pfeffer ['pfɛfɐ] . . . . فلفل
Serviette [zɛʁˈvi̯ɛtə] . . . . دستمال سفره
Besteck [bəˈʃtɛk] . . . . ظروف نقره
Messer ['mɛsɐ] . . . . کارد
Gabel ['gaːbl̩] . . . . چنگال
Löffel ['lœfl̩] . . . . قاشق
Honig ['hoːnɪç] . . . . عسل
Mayonnaise [ˌmajɔˈnɛːzə] . . . . مایونز
Ketchup ['kɛʧap] . . . . سس کچاپ
ein bisschen [aɪ̯n 'bɪsçən] . . . . یک کم
mehr [meːɐ̯] . . . . باز هم
noch ein [nɔχ aɪ̯n] . . . . دیگر
klein [klaɪ̯n] . . . . کوچک
mittel ['mɪtl̩] . . . . متوسط
groß [gʀoːs] . . . . بزرگ
Speisekarte ['ʃpaɪ̯zəˌkaʁtə] . . . . منو
Nicht nachschenken [nɪçt 'naːχʃɛŋkn̩] . . . . بدون پر کردن مجدد

Bezahlung - پرداخت

من این را سفارش ندادم.
Ich habe das nicht bestellt.
[ɪç ˈhaːbə das nɪçt bəˈʃtɛlt]

پرداخت صورتحساب با من است.
Die Rechnung geht auf mich.
[diː ˈʀɛçnʊŋ geːt aʊ̯f mɪç]

جمعش چقدر می شود؟
Was macht es insgesamt?
[vas maχt ɛs ˈɪnsgəˌzamt]

ما جداگانه حساب می کنیم.
Wir zahlen getrennt.
[viːɐ̯ ˈt͡saːlən gəˈtʀɛnt]

صورتحساب، لطفاً.
Die Rechnung, bitte.
[diː ˈʀɛçnʊŋ ˈbɪtə]

من می خواهم مبلغ را پرداخت کنم.
Ich möchte zahlen.
[ɪç ˈmœçtə ˈt͡saːlən]

لطفاً آن را روی صورتحساب من بگذارید.
Bitte setzen Sie das mit auf meine Rechnung.
[ˈbɪtə ˈzɛt͡sn̩ ziː das mɪt aʊ̯f ˈmaɪ̯nə ˈʀɛçnʊŋ]

گمان می کنم در جمع صورتحساب اشتباهی شده باشد.
Ich glaube, der Gesamtbetrag stimmt nicht ganz.
[ɪç ˈglaʊ̯bə deːɐ̯ gəˈzamtbəˌtʀaːk ʃtɪmt nɪçt gant͡s]

Bezahlung - پرداخت

صورتحساب را من حساب می کنم.
Ich werde die Rechnung bezahlen.
[ɪç ˈveːɐ̯də diː ˈʀɛçnʊŋ ˌbəˈt͡saːlən]

بقیه اش مال خودتان.
Stimmt so, danke.
[ʃtɪmt zoː ˈdaŋkə]

اجازه بدهید سهم خودم را حساب کنم.
Lassen Sie mich meinen Anteil bezahlen.
[ˈlasn̩ ziː mɪç ˈmaɪ̯nən ˈantaɪ̯l ˌbəˈt͡saːlən]

der Bar - در بار

اجازه می دهید شما را مهمان کنم
Darf ich Sie einladen?
[daʁf ɪç ziː ˈaɪ̯nˌlaːdən]

بیایید بنوشیم به سلامتی شما!
Jetzt wollen wir auf Sie trinken!
[jɛt͡st ˈvɔlən viːɐ̯ aʊ̯f ziː ˈtʀɪŋkn̩]

به سلامتی!
Prost!
[pʀoːst]

غذا/نوشیدنی
Speisen und Getränke

Obst/Gemüse - میوه ها/سبزیجات

سیب
Äpfel
['ɛpfəl]

میوه ها
Früchte
['fʀʏçtə]

موز
Bananen
ba'na:nən]

گریپ فروت
Grapefruit
gʀe:pfʀu:t]

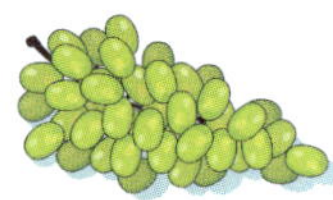

انگور
Weintrauben
['vaɪ̯nˌtʀaʊ̯bn̩]

پرتقال
Orangen
[o'ʀã:ʒn̩]

لیمو ترش
Limone
[ˌli'mo:nə]

لیمو
Zitronen
ˌtsi'tʀo:nən]

کیوی
Kiwi
['ki:vi]

انبه
Mangos
['maŋgos]

Obst/Gemüse - میوه ها/سبزیجات

هلو
Pfirsiche
['pfɪʁzɪçə]

خربزه
Melonen
[ˌmə'loːnən]

زردآلو
Aprikosen
[ˌapʀri'koːzn̩]

زغال اخته
Blaubeeren
['blaʊ̯ˌbeːʀən]

کران بری
Preiselbeeren
['pʀaɪ̯zl̩ˌbeːʀən]

آلو
Pflaumen
['pflaʊ̯mən]

گلابی
Birnen
['bɪʁnən]

نارنگی
Mandarinen
[ˌmandaˑ'ʀiːnən]

گیلاس
Kirschen
['kɪʁʃn̩]

تمشک
Himbeeren
['hɪmˌbeːʀən]

هندوانه
Wassermelonen
['vasɐmeˌloːnən]

Obst/Gemüse - میوه ها/سبزیجات

توت فرنگی
Erdbeeren
['eːɐ̯tˌbeːʀən]

ریواس
Rhabarber
[ʀaˈbaʁbɐ]

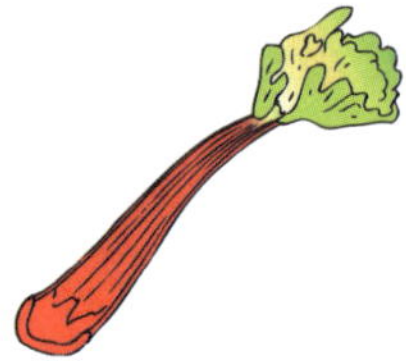

کشمش
Rosinen
[ˌʀoˈziːnən]

انجیر
Feigen
['faɪ̯gn̩]

سبزیجات
Gemüse
[gəˈmyːzə]

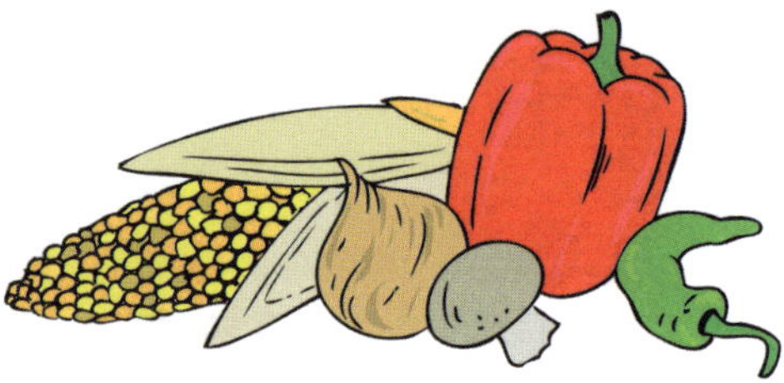

لوبیا
Bohnen
['boːnən]

لوبیا قرمز
rote Bohnen
['ʀoːtə 'boːnən]

لوبیا سبز
grüne Bohnen
['gʀyːnə 'boːnən]

نخود فرنگی
Erbsen
['ɛʁpsn̩]

کدو
Zucchini
[t͡sʊˈkiːni]

کلم
Kohl
[ko:l]

بادمجان
Aubergine
[ˌobɛʁˈʒi:nə]

هویج
Möhren
[ˈmø:ʀən]

آوکادو
Avocado
[ˌavoˈka:do]

گل کلم
Blumenkohl
[ˈblu:mənˌko:l]

تربچه
Radieschen
[ˌʀaˈdi:sçən]

سیب زمینی
Kartoffel
[kaʁˈtɔfl̩]

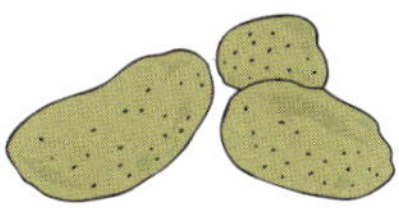

گوجه فرنگی
Tomaten
[ˌtoˈma:tn̩]

کدو تنبل
Kürbis
[ˈkʏʁbɪs]

خیار
Gurken
[ˈgʊʁkŋ̍]

کدو مسما
(große) Zucchini
[ˈgʀo:sə ʦʊˈki:ni]

ذرت
Mais
[maɪ̯s]

Obst/Gemüse - میوه ها/سبزیجات

خیار شور
eingelegtes Gemüse
['aɪ̯ngəˌleːktəs ˌgəˈmyːzə]

کیپر
Kapern
['kaːpɐn]

قارچ
Pilze
['pɪlt͡sə]

اسفناج
Spinat
[ʃpiˈnaːt]

زیتون
Oliven
[oˈliːvn̩]

کنگر فرنگی
Artischocken
[ˌaʁtiˈʃɔkən]

کلم پیچ
Grünkohl
[ˈgʀyːnˌkoːl]

کلم بروکلی
Brokkoli
[ˈbʀɔkoli]

پیاز
Zwiebeln
[ˈt͡sviːbəln]

کاهو
Kopfsalat
[ˈkɔpfzaˌlaːt]

مارچوبه
Spargel
[ˈʃpaʁgl̩]

کلم بروکسل
Rosenkohl
[ˈʀoːzn̩koːl]

کرفس
Stangensellerie
[ˈʃtaŋənˌzɛləʀi]

Meeresfrüchte - غذاهای دریایی

صدف آبالون
Seeohr
['ze:ˌʔo:ɐ̯]

حلزون
Venusmuscheln
['ve:nʊsˌmʊʃln]

خرچنگ دریایی
Hummer
['hʊmɐ]

خرچنگ
Krabbe
['kʀabə]

خرچنگ
Flusskrebs
['flʊskʀe:ps]

اختاپوس
Tintenfisch
['tɪntn̩ˌfɪʃ]

صدف
Auster
['aʊ̯stɐ]

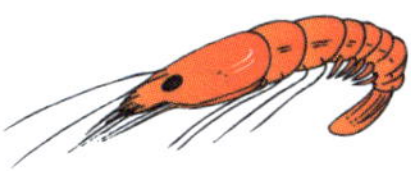

میگو
Schrimps/Garnelen
[ʃʀɪmps/ˌgaʁ'ne:lən]

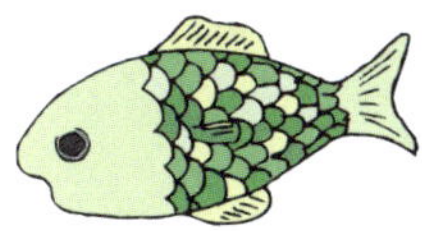

ماهی
Fisch
[fɪʃ]

خاویار
Kaviar
['ka:vi̯aʀ]

Meeresfrüchte - غذاهای دریایی

ماهی روغن
Kabeljau
['ka:bl̩ˌjau̯]

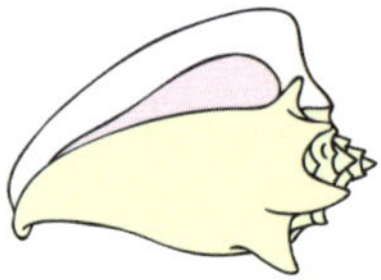

صدف حلزونی
Trompetenschnecke
[tʀɔm'pe:tn̩ˌʃnɛkə]

شاه ماهی
Hering
['he:ʀɪŋ]

ماهی خال مخالی
Makrele
[ˌma'kʀe:lə]

ماهی خاردار
Flussbarsch
['flʊsˌbaʁʃ]

اردک ماهی
Hecht
[hɛçt]

ماهی سرخو
Schnappfisch
['ʃnapˌfɪʃ]

ماهی آزاد
Lachs
[laks]

ماهی اسملت
Stinte
['ʃtɪntə]

شمشیر ماهی
Schwertfisch
['ʃve:ɐ̯tˌfɪʃ]

ماهی قزل آلا
Forelle
[ˌfo'ʀɛlə]

ماهی تن
Thunfisch
['tu:nˌfɪʃ]

Gewürze - ادویه ها و چاشنی ها

رازیانه
Anis
[aˈniːs]

ریحان
Basilikum
[baˈziːlikʊm]

زیره
Kümmel/Kreuzkümmel
[ˈkʏml̩/ˈkʁɔɪ̯tsˌkʏml̩]

هل
Kardamom
[ˌkaʁdaˈmoːm]

فلفل هندی
Cayennepfeffer
[kaˈjɛnˌpfɛfɐ]

بابونه
Kamille
[kaˈmɪlə]

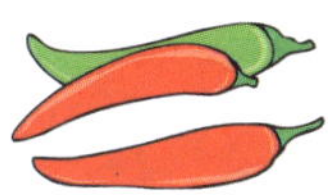

فلفل قرمز
Chili
[ˈtʃiːli]

میخک خشک شده
Gewürznelken
[ɡəˈvʏʁtsˌnɛlkn̩]

دارچین
Zimt
[tsɪmt]

گشنیز
Koriander
[koˈʁi̯andɐ]

ادویه ها و چاشنی ها - Gewürze

ادویه ها و چاشنی ها
Gewürze
[ˌɡəˈvʏʁtsə]

کاری
Curry
[ˈkœʀi]

شوید
Dill
[dɪl]

رازیانه
Fenchel
[ˈfɛnçəl]

سیر
Knoblauch
[ˈknoːpˌlaʊ̯χ]

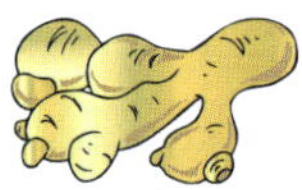

زنجبیل
Ingwer
[ˈɪŋvɐ]

گینگو
Ginkgo
[ˈɡɪŋko]

ترب کوهی
Meerrettich
[ˈmeːɐ̯ˌʀɛtɪç]

کتانجک
Seetang
[ˈzeːˌtaŋ]

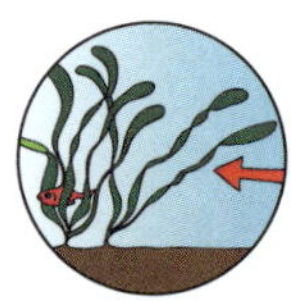

مرزنجوش
Majoran
[ˈmaːjoˌʀan]

آویشن
Oregano
[oˈʀeːɡano]

Gewürze - ادویه ها و چاشنی ها

جوز
Muskatnuss
[mʊsˈkaːtˌnʊs]

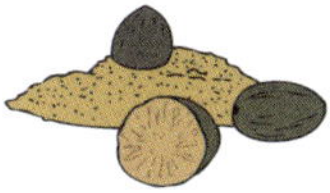

فلفل پاپریکا
Paprika
[ˈpapʁika]

جعفری
Petersilie
[ˌpetɐˈziːli̯ə]

فلفل
Pfeffer
[ˈpfɛfɐ]

نعناع بیابانی
Pfefferminz
[ˈpfɛfɐˌmɪnʦə]

دانه خشخاش
Mohnsamen
[ˈmoːnˌzaːmən]

زعفران
Safran
[ˈzafʀan]

مریم گلی
Salbei
[ˈzalbai̯]

کنجد
Sesam
[ˈzeːzam]

نعنای تند
Grüne Minze
[ˈgʀyːnə ˈmɪnʦə]

آویشن
Thymian
[ˈtyːmi̯aːn]

زردچوبه
Kurkuma
[ˈkʊʁˌkuːma]

Fleisch - گوشت

گوشت
Fleisch
[flaɪ̯ʃ]

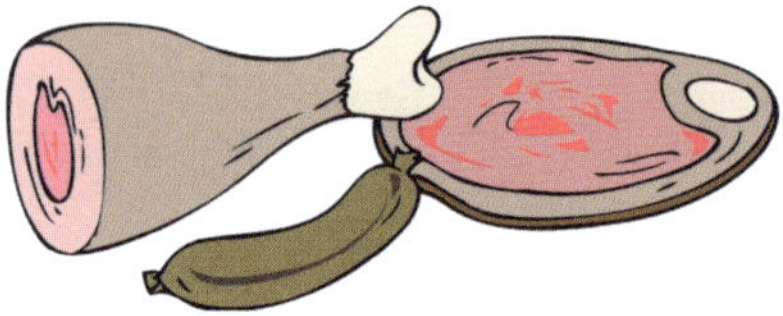

بیکن
Speck
[ʃpɛk]

گوشت گاو
Rindfleisch
[ˈʀɪntˌflaɪ̯ʃ]

جوجه
Huhn
[hu:n]

اردک
Ente
[ˈɛntə]

گوشت بره
Lamm
[lam]

مرغ
Geflügel
[gəˈfly:gl]

خرگوش
Kaninchen
[kaˈni:nçən]

Fleisch - گوشت

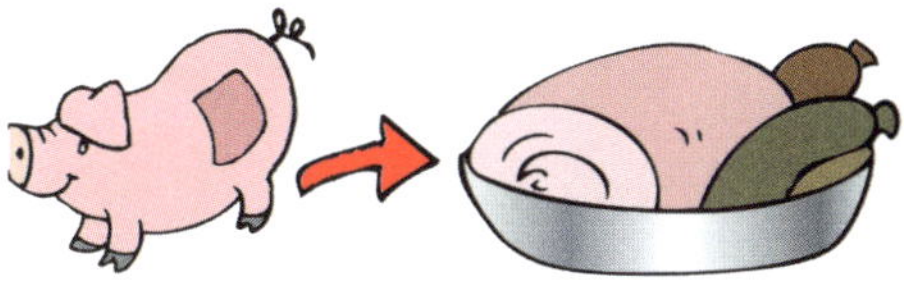

گوشت خوک
Schweinefleisch
['ʃvaɪ̯nəˌflaɪ̯ʃ]

بوقلمون
Truthahn
['tʀuːtˌhaːn]

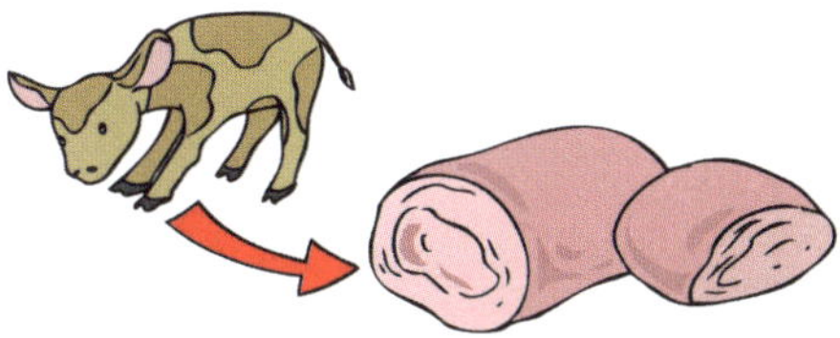

گوشت گوساله
Kalbfleisch
['kalpˌflaɪ̯ʃ]

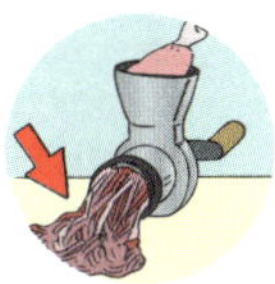

گوشت چرخکرده
Hackfleisch
['hakˌflaɪ̯ʃ]

گوشت گوزن و آهو
Rehfleisch
['ʀeːˌflaɪ̯ʃ]

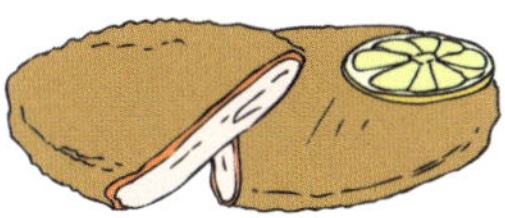

استیک
Steak
[steːk]

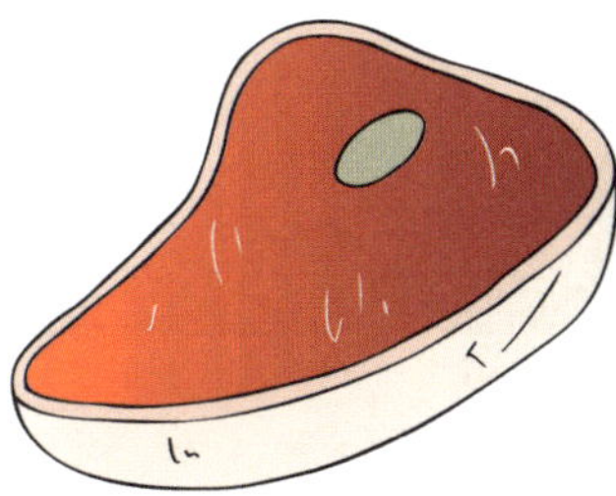

شنیسل
Schnitzel
['ʃnɪt͡sl̩]

Lebensmittelgeschäft - خواربار

نان
Brot
[bʀoːt]

نان چاودار
Roggenbrot
[ˈʀɔgn̩ˌbʀoːt]

نان سیاه
Pumpernickel
[ˈpʊmpɐˌnɪkl̩]

نان جو
Haferbrot
[ˈhaːfɐˌbʀoːt]

نان سفید
Weißbrot
[ˈvai̯sˌbʀoːt]

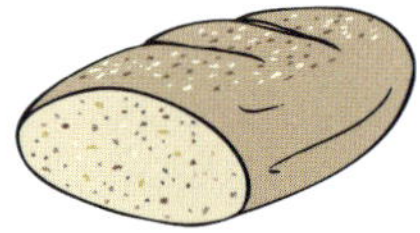

نان سفید کامل
Vollkornbrot
[ˈfɔlkɔʁnˌbʀoːt]

نان گرده
Brötchen/Semmel
[ˈbʀøːtçən/ˈzɛml̩]

نان کماج
süße Semmel
[ˈzyːsə ˈzɛml̩]

سوسیس
Wurst
[vʊʁst]

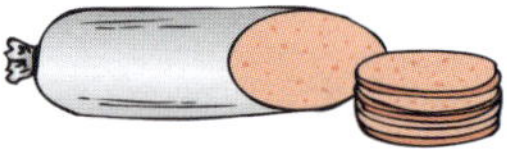

گوشت ران خوک
Schinken
[ˈʃɪŋkn̩]

پنیر
Käse
['kɛ:zə]

پنیر بری
Brie
[bʀiː]

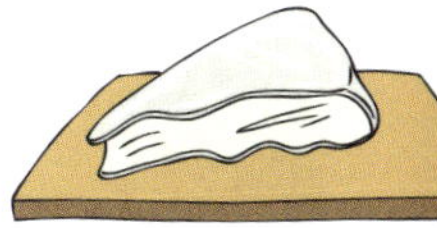

پنیر خامه ای
Frischkäse
['fʀɪʃˌkɛ:zə]

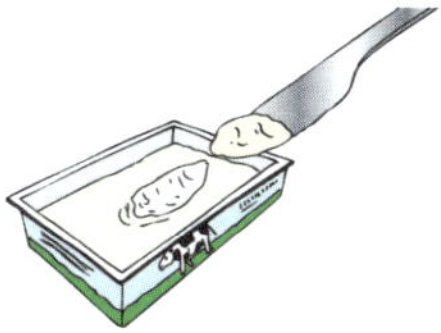

شیر
Milch
[mɪlç]

ماست میوه ای
Joghurt
['jo:gʊrt]

تخم مرغ
Eier
['aɪ̯əʁ]

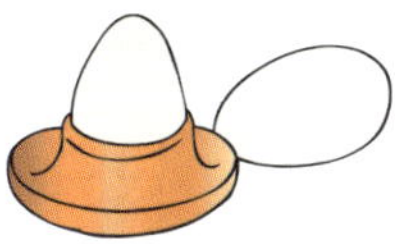

پنیر آبی
Blauschimmelkäse
['blaʊ̯ʃɪml̩ˌkɛ:zə]

خردل
Senf
[zɛnf]

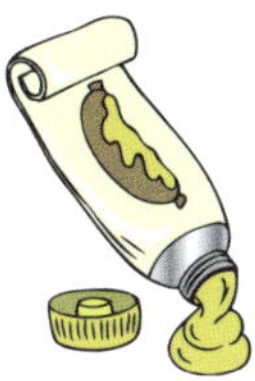

مایونز
Mayonnaise
[ˌmajɔ'nɛ:zə]

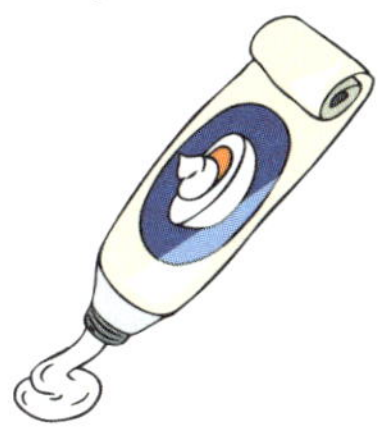

سس
Dressing
['dʀɛsɪŋ]

سس کچاپ
Ketchup
['kɛtʃap]

روغن زیتون
Olivenöl
[o'li:vn̩ˌʔø:l]

سس فلفلی تاباسکو
Tabasco
[ta'basko]

سس سویا
Sojasoße
['zo:jaˌzo:sə]

سرکه
Essig
['ɛsɪç]

آجیل
Nüsse
['nʏsə]

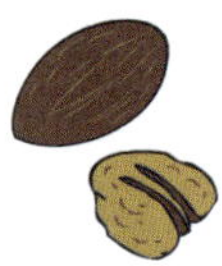

گردوی آمریکایی
Pecannüsse
['pɛ:kaˌnʏsə]

آجیل برزیلی
Paranuss
['pa:ʀaˌnʊs]

نارگیل
Kokosnuss
ko:kɔsˌnʊs]

شاه بلوط
Kastanien
[ˌkas'ta:ni̯ən]

پسته
Pistazien
[ˌpɪsˈtaːtsi̯ən]

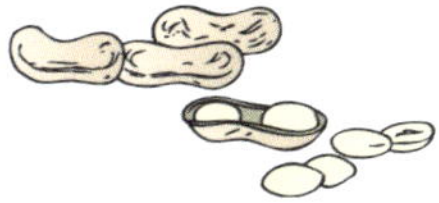

بادام زمینی
Erdnüsse
[ˈeːɐ̯tnʏsə]

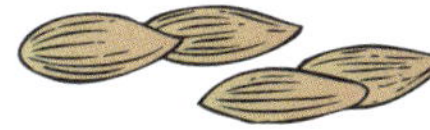

بادام
Mandeln
[ˈmandl̩n]

گردو
Walnüsse
[ˈvalˌnʏsə]

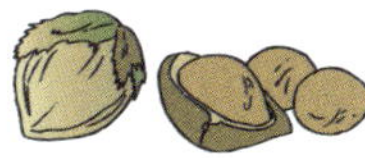

فندق
Haselnuss
[ˈhaːzl̩ˌnʊs]

برشتوک
Getreide
[ɡəˈtʁaɪ̯də]

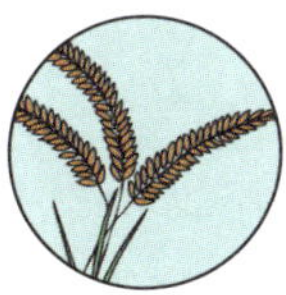

خامه
Sahne
[ˈzaːnə]

کاستارد
Vanillesoße
[vaˈnɪləˌzoːsə]

آبنبات
Bonbon
[bɔ̃ˈbɔ̃ː oder ˈbɔŋbɔŋ]

شکلات
Schokolade
[ʃokoˈlaːdə]

بستنی
Eis
[aɪ̯s]

Alkoholfreie Getränke - نوشیدنی های غیر الکلی

نوشیدنی ه
Getränke
ə'tʀɛŋkə]

چای
Tee
[teː]

چای سبز
grüner Tee
['gʀyːnɐ teː]

جوشانده گل یاس
Jasmintee
[jas'miːnˌteː]

جوشانده گیاهی
Kräutertee
['kʀɔɪ̯tɐˌteː]

آیس تی
Eistee
['aɪ̯sˌteː]

آبمیوه
Saft
[zaft]

آب پرتقال
Orangensaft
[o'ʀãːʒn̩ˌzaft]

پاکت آبمیوه
Saftschachtel
['zaftʃaχtl̩]

اسکواش
frisch gepresster Saft
[fʀɪʃ gə'pʀɛstɐ zaft]

Alkoholfreie Getränke - نوشیدنی های غیر الکلی

لیموناد
Limonade
[ˌlimoˈnaːdə]

میلک شیک
Milchshake
[ˈmɪlçʃeːk]

شیر خامه گرفته
Magermilch
[ˈmaːgɐˌmɪlç]

آب معدنی
Mineralwasser
[mineˈʁaːlˌvasɐ]

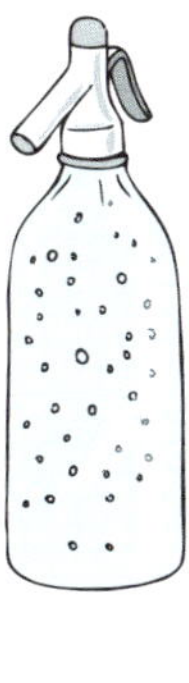

(آب) سودا
Soda(wasser)
[ˈzoːda]

تونیک
Tonic
[ˈtɔnɪk]

قهوه
Kaffee
[ˈkafe]

شیر کاکائو
Kakao
[kaˈkaʊ̯]

الکل
Alkohol
['alkoˌhoːl]

شراب
Wein
[vaɪ̯n]

شامپاین
Champagner
[ˌʃam'panjɐ]

آبجو پورتر
Porter
['pɔrtər]

آبجو گندم
Weizenbier
['vaɪ̯tsn̩ˌbiːɐ̯]

آبجو
Bier
[biːɐ̯]

آبجو محلی
einheimisches Bier
['aɪ̯nˌhaɪ̯mɪʃəs biːɐ̯]

شراب ورموت
Wermut
['veːɐ̯muːt]

شراب ورموت گس
trockener Wermut
['tʀɔkənɐ 'veːɐ̯muːt]

لیکور
Likör
[li'køːɐ̯]

Einkaufen

خرید

منطقه خرید کجاست؟
Wo ist das Einkaufsviertel?
[vo: ɪst das 'aɪ̯nkaʊ̯fsˌfɪʁtl̩]

نزدیکترین مغازه عتیقه فروشی کجاست؟
Wo ist das nächste Antiquitätengeschäft?
[vo: ɪst das 'nɛ:çstə antikvi'tɛ:tn̩gəˌʃɛft]

نزدیکترین مغازه کادو فروشی کجاست؟
Wo ist die nächste Geschenkeboutique?
[vo: ɪst di: 'nɛ:çstə gə'ʃɛŋkəbuˌti:k]

نزدیکترین مغازه مشروب فروشی کجاست؟
Wo ist das nächste Spirituosengeschäft?
[vo: ɪst das 'nɛ:çstə ʃpiʀi'tu̯o:zn̩gəˌʃɛft]

نزدیکترین فروشگاه موسیقی کجاست؟
Wo ist der nächste Musikladen?
[vo: ɪst de:ɐ̯ 'nɛ:çstə mu'zi:kˌla:dn̩]

نزدیکترین فروشگاه پوشاک کجاست؟
Wo ist das nächste Bekleidungsgeschäft?
[vo: ɪst das 'nɛ:çstə bə'klaɪ̯dʊŋsgəʃɛft]

نزدیکترن مغازه کفش فروشی کجاست؟
Wo ist das nächste Schuhgeschäft?
[vo: ɪst das 'nɛ:çstə 'ʃu:gəʃɛft]

نزدیکترین کتاب فروشی کجاست؟
Wo ist der nächste Buchladen?
[vo: ɪst de:ɐ̯ 'nɛ:çstə 'bu:χˌla:dn̩]

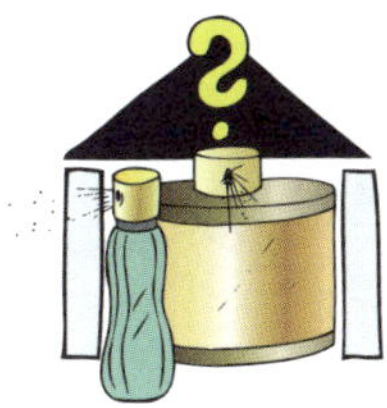

نزدیکترین داروخانه کجاست؟
Wo ist die nächste Drogerie?
[vo: ɪst di: 'nɛ:çstə dʀogə'ʀi:]

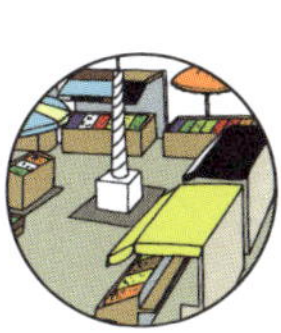

نزدیکترین بازار کجاست؟
Wo ist der nächste Markt?
[vo: ɪst de:ɐ̯ 'nɛ:çstə maʁkt]

بخش مواد غذایی در کدام طبقه است؟
In welchem Stock ist die Lebensmittelabteilung?
[ɪn 'vɛlχəm ʃtɔk ɪst di: 'le:bn̩sˌmɪtl̩ʔapˌtaɪ̯lʊŋ]

چه موقع باز می کنید؟
Wann öffnen Sie?
[van 'œfnən zi:]

چه موقع تعطیل می کنید؟
Wann schließen Sie?
[van 'ʃli:sn̩ zi:]

تعطیلات آخر هفته تا کی باز هستید؟
Wie lange haben Sie an Wochenenden geöffnet?
[vi: 'laŋə 'ha:bən zi: an 'vɔχn̩ˌʔɛndn̩ ˌgə'ʔœfnət]

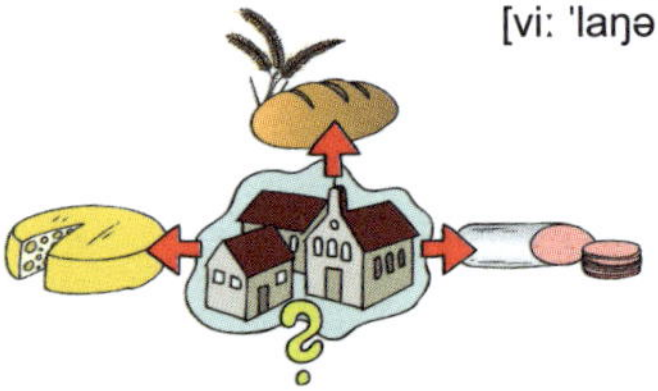

چه چیزهایی مخصوص این شهر هستند؟
Welche typischen Erzeugnisse kann man in dieser Stadt kaufen?
['vɛlçə 'typɪʃn̩ ɛɐ̯'tsɔɪ̯knɪsə kan man ɪn 'di:zɐ ʃtat 'kaʊ̯fn̩]

کلمات مفید

Antiquitätenladen [antikvi'tɛ:tn̩ˌla:dn̩] . . . . مغازه عتیقه فروشی
Buchladen ['bu:χˌla:dn̩]. . . . . کتاب فروشی
Drogerie [dʀogə'ʀi:] . . . . داروخانه
Zeitungskiosk ['tsaɪ̯tʊŋsˌki:ɔsk]. . . . . دکه روزنامه فروشی
Bekleidungsgeschäft [bə'klaɪ̯dʊŋsgəʃɛft] . . . . فروشگاه پوشاک.
Kaufhaus ['kaʊ̯fˌhaʊ̯s] . . . . فروشگاه بزرگ
Schuhgeschäft ['ʃu:gəʃɛft] . . . . کفش فروشی.

Information - اطلاعات

Sportwarengeschäft ['ʃpɔʁt̩va:ʀəngəʃɛft] . . . . فروشگاه لوازم ورزشی
Spielwarenladen ['ʃpi:l̩va:ʀən̩la:dn̩] . . . . فروشگاه اسباب بازی
Reformhaus [ʀe'fɔʁm̩haʊ̯s] . . . . .فروشگاه غذاهای سالم
Schmuckgeschäft ['ʃmʊkgəʃɛft] . . . . جواهر فروشی
Markt [maʁkt]. . . . . بازار
Minimarkt ['mɪni̩maʁkt] . . . . مغازه
Supermarkt ['zu:pɐ̩maʁkt]. . . . . .سوپرمارکت
Großmarkt ['gʀo:s̩maʁkt] . . . . فروشگاه بزرگ
Einkaufszentrum ['aɪ̯nkaʊ̯fs̩tsɛntʀʊm]. مرکز خرید
Damenbekleidung ['da:mənbə̩klaɪ̯dʊŋ] . . . . لباس زنانه
Herrenbekleidung ['hɛʀənbə̩klaɪ̯dʊŋ] . . . . لباس مردانه
Kinderbekleidung ['kɪndɐbə̩klaɪ̯dʊŋ] . . . . لباس کودکان
Damenunterwäsche ['da:mən̩ʊntɐ̩vɛʃə]. . . . . لباس زیر زنانه
Trikotage/Strumpfwaren [tʀiko'ta:ʒə / 'ʃtʀʊmpf̩va:ʀən] . . . . . جوراب و زیرپوش کشباف
Strickwaren ['ʃtʀɪk̩va:ʀən] . . . . لباس بافتنی
Schlafanzüge/Nachthemden ['ʃla:fʔan̩tsy:gə / 'naχt̩hɛmdn̩] . . . . .لباس خواب
Geschäftszeiten/Öffnungszeiten [gə'ʃɛfts̩tsaɪ̯tn̩ / 'œfnʊŋs̩tsaɪ̯tən] . . . . . . ساعات کار
geschlossen [gə'ʃlɔsən] . . . . .تعطیل
Ganztags geöffnet ['gants̩ta:ks gə'ʔœfnət] . . . . .تمام روز باز است
über Mittag geschlossen ['y:bɐ 'mɪta:k gə'ʃlɔsən]. . . . . برای ناهار تعطیل است
Schlussausverkauf ['ʀɔɪ̯mʊŋsfɛɐ̯̩kaʊ̯f]. . . . . حراج بسته شدن فروشگاه
Totalausverkauf [to'ta:lʔaʊ̯sfɛɐ̯̩kaʊ̯f]. حراج کلی
Kundendienst ['kʊndn̩di:nst] . . . . خدمات مشتری
Kasse ['kasə] . . . . صندوق
Hier bezahlen [hi:ɐ̯ bə'tsa:lən] . . . . اینجا بپردازید
Geschenk [gə'ʃɛŋk] . . . . کادو
Ausverkauf ['aʊ̯sfɛɐ̯̩kaʊ̯f]. . . . . حراج

من می خواهم.
Ich möchte ...
[ɪç 'mœçtə]

من می خواستم.
Ich würde gerne ...
[ɪç 'hɛtə 'gɛʁnə]

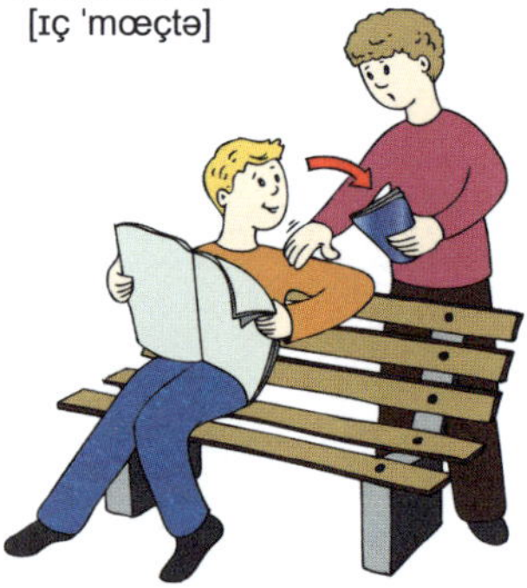

لطفاً را به من نشان دهید.
Bitte zeigen Sie mir ...
['bɪtə 'ʦaɪ̯gn̩ zi: mi:ɐ̯]

من دنبال می گردم.
Ich suche nach ...
[ɪç 'zu:χə na:χ]

آیا مثل این را دارید؟
Haben Sie etwas von dieser Art?
['ha:bən zi: 'ɛtvas fɔn 'di:zɐ a:ɐ̯t]

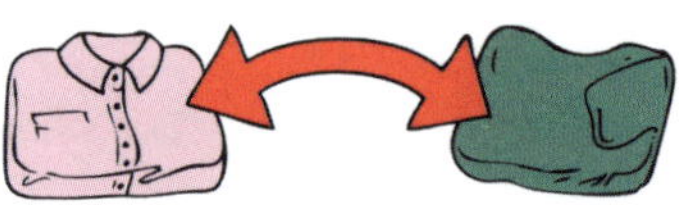

لطفاً یکی دیگر را به من نشان بدهید.
Bitte zeigen Sie mir ein anderes.
['bɪtə 'ʦaɪ̯gn̩ zi: mi:ɐ̯ aɪ̯n 'andəʀəs]

امکان دارد اندازه مرا چک کنید؟
Können Sie meine Größe herausfinden?
['kœnən ziː 'maɪ̯nə 'gʀøːsə hɛ'ʀaʊ̯sˌfɪndn̩]

لطفاً این یکی را فعلًا برای من نگه دارید.
Bitte legen Sie das für mich zurück.
['bɪtə 'leːgn̩ ziː das fyːɐ̯ mɪç ʦu'ʀʏk]

امکان دارد یک جعبه کادو به من بدهید؟
Könnte ich einen Geschenkkarton haben, bitte?
['kœntə ɪç 'aɪ̯nən gə'ʃɛŋkkaʁˌtõː 'haːbən 'bɪtə]

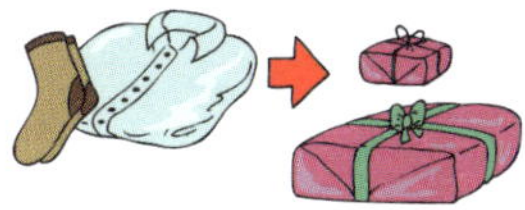

لطفاً آنها را جداگانه کادو کنید.
Wickeln Sie sie bitte einzeln ein.
['vɪkl̩n ziː ziː 'bɪtə 'aɪ̯nʦl̩n aɪ̯n]

امکان دارد این را برای من کادو کنید؟
Können Sie das bitte ins Geschenkpapier einwickeln?
['kœnən ziː das 'bɪtə ɪns gə'ʃɛŋkpaˌpiːɐ̯ 'aɪ̯nˌvɪkəln]

آیا ممکن است آن را با یک رسید به هتل من بفرستید؟
Schicken Sie das bitte mit einer Quittung zum Hotel.
['ʃɪkn̩ ziː das 'bɪtə mɪt 'aɪ̯nɐ 'kvɪtʊŋ tsʊm ho'tɛl]

آیا ممکن است آن را امروز بفرستید؟
Könnten Sie das bitte heute schicken?
['kœntn̩ ziː das 'bɪtə 'hɔɪ̯tə 'ʃɪkn̩]

از کجا می توانم آن را بخرم؟
Wo kann ich es kaufen?
[voː kan ɪç ɛs 'kaʊ̯fn̩]

ممکن است آن را بردارم؟
Kann ich es mitnehmen?
[kan ɪç ɛs 'mɪtˌneːmən]

من یک دست کت و شلوار مخصوص کار می خواه
Ich brauche einen Geschäftsanzug.
[ɪç 'bʀaʊ̯χə 'aɪ̯nən gə'ʃɛft͡sˌanˌt͡su:k]

من یک دست کت و شلوار شب می خواهم.
Ich brauche einen Abendanzug.
[ɪç 'bʀaʊ̯χə 'aɪ̯nən 'a:bn̩tʔanˌt͡su:k]

می خواهم این را پرو کنم.
Ich möchte es anprobieren.
[ɪç 'mœçtə ɛs 'anpʀoˌbi:ʀən]

اتاق پرو کجاست؟
Wo ist die Umkleidekabine?
[vo: ɪst di: 'ʊmklaɪ̯dəkaˌbi:nə]

کاملًا اندازه من نیست.
Es passt mir nicht gut.
[ɛs past mi:ɐ̯ nɪçt gu:t]

Kleidung - پوشاک

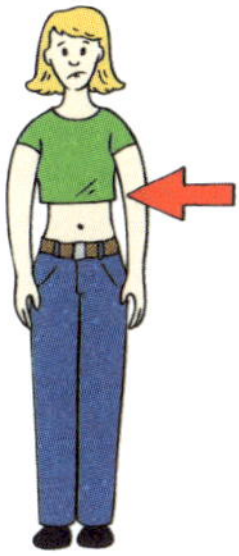

خیلی کوتاه است.
Es ist zu kurz.
[ɛs ɪst ʦu: kʊʁʦ]

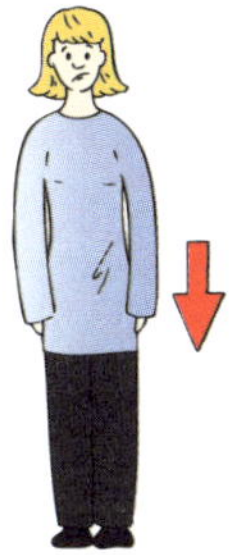

خیلی بلند است.
Es ist zu lang.
[ɛs ɪst ʦu: laŋ]

خیلی گشاد است.
Es ist zu weit.
[ɛs ɪst ʦu: vai̯t]

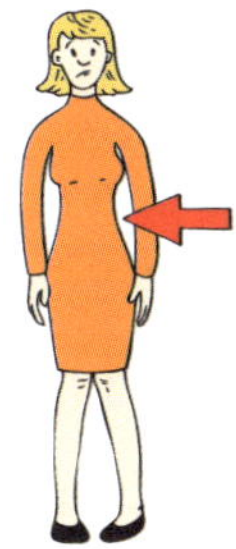

خیلی تنگ است.
Es ist zu eng.
[ɛs ɪst ʦu: ɛŋ]

کلمات مفید

maßgeschneidert ['ma:sgəˌʃnai̯dɐt] . . . . دوخت سفارشی
Bluse ['blu:zə] . . . . بلوز
Hemd [hɛmt] . . . . پیراهن
T-Shirt ['ti:ʃø:ɐ̯t] . . . . تی شرت
Jackett/Jacke [ʒa'kɛt / 'jakə] . . . . کت
Jeans [dʒi:ns] . . . . شلوار جین
Hose ['ho:zə] . . . . شلوار
Rock [ʀɔk] . . . . دامن
Weste ['vɛstə] . . . . جلیقه
Bikini [bi'ki:ni] . . . . بیکینی
Unterhose ['ʊntɐˌho:zə] . . . . زیرشلواری
Unterwäsche ['ʊntɐˌvɛʃə] . . . . زیرپوش
Slip [slɪp] . . . . شورت مردانه
Boxershorts ['bɔksɐʃo:ɐ̯ts] . . . . شورت پاچه دار
Socken ['zɔkn̩] . . . . جوراب
Badehose ['ba:dəˌho:zə] . . . . مایوی مردانه
Badeanzug ['ba:dəˌʔanʦu:k] . . . . مایوی شنا
BH [be:'ha:] . . . . سینه بند

Kleidung - پوشاک

Mütze ['mʏtsə]	کلاه
Regenmantel ['ʀeːgn̩ˌmantl̩]	بارانی
Mantel ['mantl̩]	کت
Pullover [pʊ'loːvɐ]	پلیور
Stoff [ʃtɔf]	پارچه
Baumwolle ['baʊ̯mvɔlə]	نخ
Seide ['zaɪ̯də]	ابریشم
Acryl [a'kʀyːl]	آکریلیک
Polyester [poly'ʔɛstɐ]	پلیستر
Wolle ['vɔlə]	پشم
Leinen ['laɪ̯nən]	کتان
Polyamid [poly'ʔamiːt]	پلی آمید
Nylon ['nailɔn]	نایلون
Lycra ['lykʁaː]	لای کرا
Elasthan [eːla'staːn]	اسپندکس
handgefertigt ['hændgəˌfɛʁtɪçt]	دست دوز
Large (L) [lɑːdʒ ɛl]	بزرگ
Small (S) [smɔːl ʔɛs]	کوچک
Medium (M) ['meːdi̯ʊm ɛm]	متوسط
Extra Large (XL) ['ɛkstʀa larʒ (ɪksɛl)]	خیلی بزرگ
lange Ärmel ['laŋə 'ɛʁml̩]	آستین بلند
kurze Ärmel ['kʊʁtsə 'ɛʁml̩]	آستین کوتاه

Accessoires - لوازم تزئینی

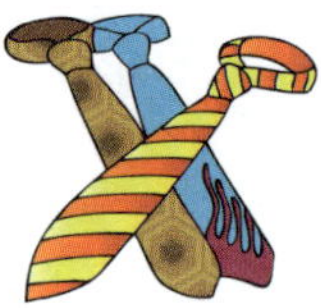

ممکن است کراواتهایتان را به من نشان بدهید؟
Könnten Sie mir einige Seidenkrawatten zeigen?
['kœntn̩ ziː miːɐ̯ 'aɪ̯nɪgə 'zaɪ̯dn̩kʀaˌvatn̩ 'tsaɪ̯gn̩]

لطفاً یک کراوات ساده به من نشان دهید.
Bitte zeigen Sie mir eine einfarbige Krawatte.
['bɪtə 'tsaɪ̯gn̩ ziː miːɐ̯ 'aɪ̯nə 'aɪ̯nˌfaʁbɪgə kʀa'vatə]

Accessoires - لوازم تزئینی

من می خواهم یک مجموعه چمدانهای کارامد ببینم.
Ich würde mir gerne ein praktisches Gepäckset anschauen.
[ɪç 'vʏʁdə miːɐ̯ 'gɛʁnə aɪ̯n 'pʁaktɪʃəs gə'pɛkˌsɛt 'anʃaʊ̯ən]

من یک عینک آفتابی می خواهم.
Ich hätte gerne eine Sonnenbrille.
[ɪç 'hɛtə 'gɛʁnə 'aɪ̯nə 'zɔnənˌbʁɪlə]

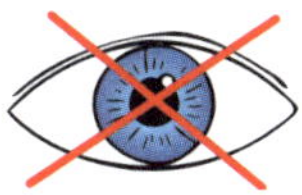

این عینک برای من خیلی ضعیف است.
Diese Brille ist mir zu schwach.
['diːzə 'bʁɪlə ɪst miːɐ̯ t͡suː ʃvaχ]

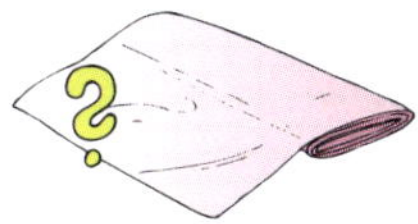

این چه جنسی است؟
Aus welchem Stoff ist das gemacht?
['aʊ̯s 'vɛlχəm ʃtɔf ɪst das gə'maχt]

کلمات مفید

echtes Leder [ɛçtəs 'leːdɐ]	چرم اصل
Kunstleder ['kʊnstˌleːdɐ]	چرم مصنوعی
Hartleder ['haʁtˌleːdɐ]	چرم خشک
Gürtel ['gʏʁtl̩]	کمربند
Krawatte [kʁa'vatə]	کراوات
Brille ['bʁɪlə]	عینک
Handschuhe ['hantʃuːə]	دستکش
Tasche ['taʃə]	کیف
Rucksack ['ʁʊkˌzak]	کوله پشتی
Handtasche ['hantˌtaʃə]	کیف دستی
Schal [ʃaːl]	شال
Regenschirm ['ʁeːgn̩ʃɪʁm]	چتر
Portemonnaie [pɔʁtmɔ'neː]	کیف پول

Schuhe - کفش

من می خواهم یک جفت کفش مردانه ببینم.
h würde mir gerne ein Paar Herrenschuhe anschauen.
'vʏʁdə miːɐ̯ 'ɡɛʁnə aɪ̯n paːɐ̯ 'hɛʀənʃuːə 'anʃaʊ̯ən]

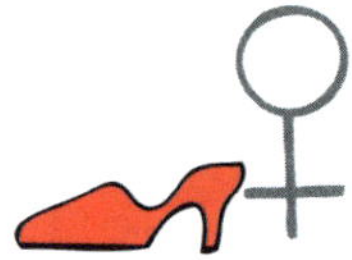

من می خواهم یک جفت کفش زنانه ببینم.
h würde mir gerne ein Paar Damenschuhe anschauen.
'ʏʁdə miːɐ̯ 'ɡɛʁnə aɪ̯n paːɐ̯ 'daːmənʃuːə 'anʃaʊ̯ən]

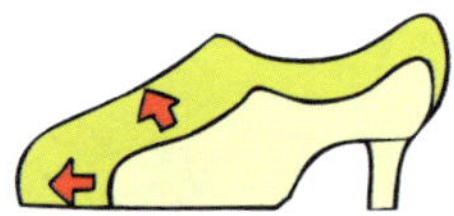

آیا اندازه بزرگترش را دارید؟
Haben Sie welche in einer größeren Nummer?
['haːbən ziː 'vɛlçə ɪn 'aɪ̯nɐ 'ɡʀøːsəʀən 'nʊmɐ]

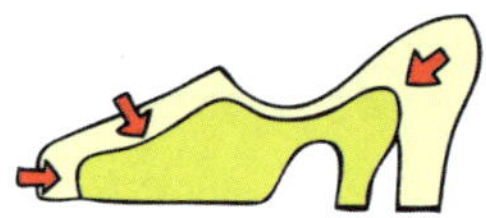

آیا اندازه کوچکترش را دارید؟
Haben Sie welche in einer kleineren Nummer?
['haːbən ziː 'vɛlçə ɪn 'aɪ̯nɐ 'klaɪ̯nəʀən 'nʊmɐ]

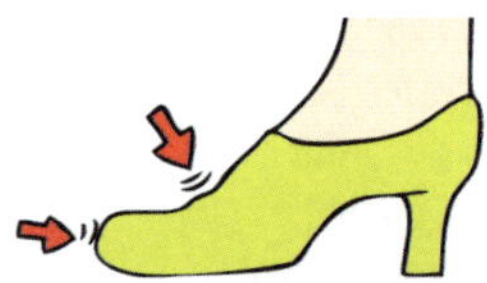

پایم را می زنند.
Sie drücken.
[ziː 'dʀʏkn̩]

کلمات مفید

Freizeitschuhe ['fʀaɪ̯tsaɪ̯tʃuːə] . . . . کفش ورزشی
Pantoffeln [pan'tɔfl̩n] . . . . روفرشی
Sandalen [zandaːlən] . . . . صندل
Absätze ['apˌzɛtsə] . . . . پاشنه
flach [flax] . . . . بدون پاشنه

من می خواهم یک آداپتور بخرم.
Ich möchte einen Adapter kaufen.
[ɪç 'mœçtə 'aɪ̯nən a'daptɐ 'kaʊ̯fn̩]

من می خواهم یک باتری بخرم.
Ich möchte eine Batterie kaufen.
[ɪç 'mœçtə 'aɪ̯nə ˌbatə'ʀiː 'kaʊ̯fn̩]

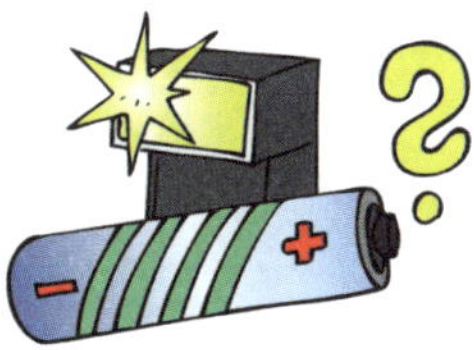

باتری چراغ قوه دارید؟
Haben Sie Blitzlicht-Batterien?
['haːbən ziː 'blɪtslɪçtbatəˌʀiːən]

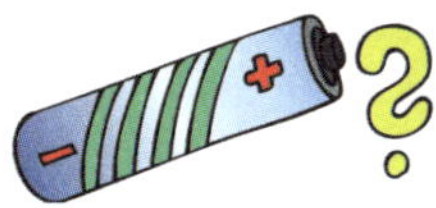

من یک باتری می خواهم.
Ich hätte gerne eine Batterie.
[ɪç 'hɛtə 'gɛʁnə 'aɪ̯nə ˌbatə'ʀiː]

باتری سمعک دارید؟
Haben Sie Hörgeräte-Batterien?
['haːbən ziː 'høːɐ̯gəˌʀɛːtə batə'ʀiːən]

من چند تا لامپ هفتاد و پنج وات می خواهم.
Ich brauche ein paar Glühbirnen mit 75 Watt.
[ɪç 'bʀaʊ̯χə aɪ̯n paːɐ̯ 'glyːˌbɪʁnən mɪt ˌfʏnfʔʊnt'ziːpʦɪç vat]

Elektronische Artikel - وسایل الکترونیکی

آیا ممکن است به من نشان دهید چطور کار می کند
Zeigen Sie mir bitte, wie man damit umgeht.
aɪ̯gn̩ zi: mi:ɐ̯ 'bɪtə vi: man da'mɪt 'ʊmˌge:t]

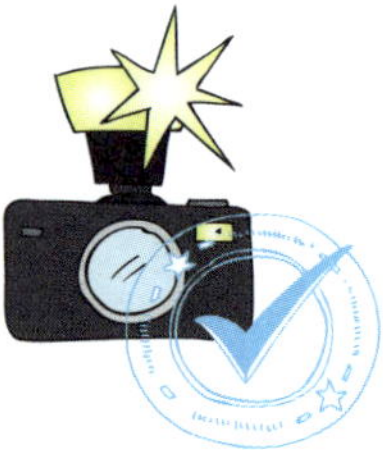

آیا گارانتی دارد؟
Gibt es eine Garantie?
[gi:pt ɛs 'aɪ̯nə ˌgaʀan'ti:]

آیا دفترچه راهنما دارد؟
Liegt eine Anleitung bei?
[li:kt 'aɪ̯nə 'anlaɪ̯tʊŋ baɪ̯]

من دنبال یک دوربین یکبار مصرف می گرد
ch suche nach einer Einwegkamera.
'zu:χə na:χ 'aɪ̯nɐ 'aɪ̯nve:kˌkaməʀa]

عکس ها کی آماده می شود؟
Wann werden die Fotos fertig sein?
[van 'veːɐ̯dn̩ diː 'foːtos 'fɛʁtɪç zaɪ̯n]

می خواهم عکس هایم را بگیرم این رسید من است.
Ich möchte meine Fotos abholen. Hier ist meine Quittun
[ɪç 'mœçtə 'maɪ̯nə 'foːtos 'apˌhoːlən hiːɐ̯ ɪst 'maɪ̯nə 'kvɪtʊ

از هر کدام دو سری چاپ می خواهم.
Ich möchte zwei Abzüge von jedem Foto haben.
[ɪç 'mœçtə tsvaɪ̯ 'apˌtsyːgə fɔn 'jeːdəm 'foːto 'haːbən]

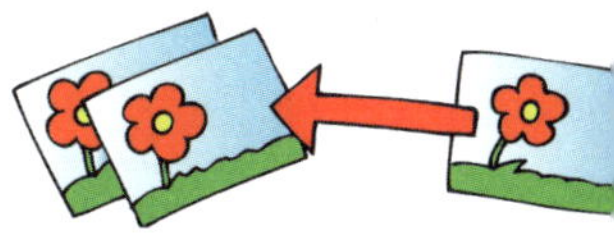

کلمات مفید

Speicherkarte ['ʃpaɪ̯çɐˌkaʁtə] . . . . کارت حافظه
Film [fɪlm] . . . . فیلم
Hochglanzdruck ['hoːχglantsˌdrʊk] . . . . کاغذ براق
Mattglanzdruck ['matˌglantsˌdrʊk] . . . . کاغذ مات
Adapter [a'daptɐ] . . . . آداپتور
Batterie [batə'riː] . . . . باتری
Elektrorasierer [e'lɛktroraˌziːrɐ] . . . . ریش تراش برقی.
Haartrockner ['haːɐ̯ˌtrɔknɐ] . . . . سشوار
Flash-Karte ['ʃpaɪ̯çɐˌkaʁtə] . . . . فلاش کارت
SD-Karte [ʔɛs'deːˌkaʁtə] . . . . کارت اس دی
Smart Media Karte [smaːɐ̯t 'meːdi̯a 'kaʁtə] . . . . کارت رسانه هوشمند
Compact Disc (CD) [kɔm'pɛkt- dɪsk tseː'deː] . . . . سی دی
Computer [kɔm'pjuːtɐ] . . . . رایانه.
Maus [maʊ̯s] . . . . ماوس
Handy ['hɛndi] . . . . تلفن همراه.
digital [digi'taːl] . . . . دیجیتال

می خواهم از این شهر سوغاتی ببرم.
Ich hätte gerne ein Souvenir von dieser Stadt.
[ɪç 'hɛtə 'gɛʁnə aɪ̯n ˌzuvə'ni:ɐ̯ fɔn 'di:zɐ ʃtat]

آیا تصاویری از منظره های این منطقه دارید؟
Haben Sie Ansichtsfotos von dieser Gegend?
['ha:bən zi: 'anzɪçtsˌfo:tos fɔn 'di:zɐ 'ge:gn̩t]

آیا تی شرتی با منظره های این شهر دارید؟
Haben Sie ein T-Shirt mit Ansichten dieser Stadt?
['ha:bən zi: aɪ̯n 'ti:ʃø:ɐ̯t mɪt 'anˌzɪçtn̩ 'di:zɐ ʃtat]

من دنبال تابلوهای نقاشان مشهور هلندی می گردم.
suche nach Bildern von bekannten holländischen Künstlern.
[ɪç 'zu:χə na:χ 'bɪldɐn fɔn bə'kantn̩ 'hɔlɛndɪʃn̩ 'kʏnstlɐn]

من به هنر اروپا علاقه مند هستم.
Ich interessiere mich für europäische Kunst.
[ɪç ˌɪntəʀɛ'si:ʀə mɪç fy:ɐ̯ ˌɔɪ̯ʀo'pɛ:ɪʃə kʊnst]

من به هنر شرق علاقه مند هستم.
Ich interessiere mich für orientalische Kunst.
[ɪç ˌɪntəʀɛ'si:ʀə mɪç fy:ɐ̯ ˌoʀi̯ɛn'ta:lɪʃə kʊnst]

من یک دسته گل رز سرخ می خواهم.
Einen Strauß roter Rosen, bitte.
['aɪ̯nən ʃtʀaʊ̯s 'ʀoːtɐ 'ʀoːzn̩ 'bɪtə]

من یک بطری شراب می خواهم.
Eine Flasche Wein, bitte.
['aɪ̯nə 'flaʃə vaɪ̯n 'bɪtə]

من دو تا شکلات سیاه می خواهم.
Ich hätte gerne zwei Tafeln schwarze Schokolade.
[ɪç 'hɛtə 'gɛʁnə t͡svaɪ̯ 'taːfl̩n 'ʃvaʁt͡sə ʃoko'laːdə]

چه مدتی می شود آنها را نگهداری کرد؟
Wie lange sind sie haltbar?
[viː 'laŋə zɪnt ziː 'haltbaːɐ̯]

امکان دارد به کتابها نگاهی بیاندازم؟
Darf ich mich umschauen?
[daʁf ɪç mɪç ˈʊmˌʃaʊ̯ən]

من می خواهم یک کتاب راهنما بخرم.
Ich würde gerne einen Reiseführer kaufen.
[ɪç ˈvʏʁdə ˈɡɛʁnə ˈaɪ̯nən ˈʁaɪ̯zəˌfyːʁɐ ˈkaʊ̯fn̩]

من می خواهم یک فرهنگ لغت جیبی بخرم.
Ich würde gerne ein Taschenwörterbuch kaufen.
[ɪç ˈvʏʁdə ˈɡɛʁnə aɪ̯n ˈtaʃn̩vœʁtɐˌbuːχ ˈkaʊ̯fn̩]

من می خواهم یک نقشه شهر بخرم.
Ich würde gerne einen Stadtplan kaufen.
[ɪç ˈvʏʁdə ˈɡɛʁnə ˈaɪ̯nən ˈʃtatˌplaːn ˈkaʊ̯fn̩]

من یک خودکار می خواهم.
Ich hätte gerne einen Kugelschreiber.
[ɪç ˈhɛtə ˈɡɛʁnə ˈaɪ̯nən ˈkuːɡl̩ʃʁaɪ̯bɐ]

من یک پاکت نامه می خواهم.
Ich hätte gerne einen Briefumschlag.
[ɪç ˈhɛtə ˈɡɛʁnə ˈaɪ̯nən ˈbʁiːfʔʊmˌʃlaːk]

من یک پاکت سیگار می خواهم.
Ich möchte bitte eine Schachtel Zigaretten haben.
[ɪç ˈmœçtə ˈbɪtə ˈaɪ̯nə ˈʃaχtl̩ ˌʦigaˈʀɛtn̩ ˈhaːbən]

من یک فندک می خواهم.
Ich möchte bitte ein Feuerzeug haben.
[ɪç ˈmœçtə ˈbɪtə aɪ̯n ˈfɔɪ̯ɐˌʦɔɪ̯k ˈhaːbən]

من مقداری توتون می خواهم.
Ich möchte bitte etwas Tabak haben.
[ɪç ˈmœçtə ˈbɪtə ˈɛtvas ˈtaːbak ˈhaːbən]

آیا توتون پیپ دارید؟
Haben Sie Pfeifentabak?
[ˈhaːbən ziː ˈpfaɪ̯fn̩ˌtaːbak]

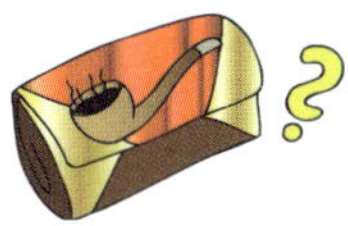

آیا پیپ دارید؟
Haben Sie Pfeifen?
[ˈhaːbən ziː ˈpfaɪ̯fn̩]

آیا سیگار برگ دارید؟
Haben Sie Zigarren?
[ˈhaːbən ziː ˌʦiˈgaʁən]

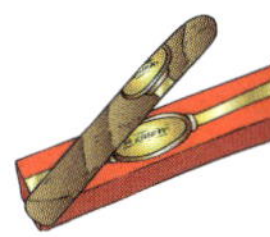

چه مقدار توتون می توانم با خودم از گمرک رد کنم؟
Wie viel Tabak kann ich durch den Zoll bringen?
[viː fiːl ˈtaːbak kan ɪç dʊʁç deːn ʦɔl ˈbʀɪŋən]

چه مقدار الکل می توانم با خودم از گمرک رد کنم؟
Wie viel Alkohol kann ich durch den Zoll bringen?
[viː fiːl ˈalkoˌhoːl kan ɪç dʊʁç deːn ʦɔl ˈbʀɪŋən]

چه مقدار عطر می توانم با خودم از گمرک رد کنم؟
Wie viel Parfüm kann ich durch den Zoll bringen?
[viː fiːl paʁˈfyːm kan ɪç dʊʁç deːn ʦɔl ˈbʀɪŋən]

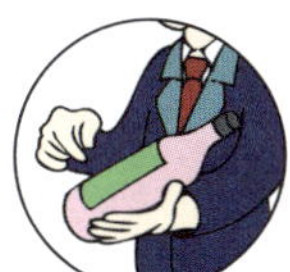

ممکن است یک شراب خوب توصیه کنید؟
Können Sie mir einen guten Wein empfehlen?
[ˈkœnən ziː miːɐ̯ ˈaɪ̯nən guːtn̩ vaɪ̯n ˌɛmˈpfeːlən]

من دنبال یک قطعه جواهر کوچک می گردم.
Ich suche nach einem kleinen Schmuckstück.
[ɪç 'zu:χə na:χ 'aɪ̯nəm 'klaɪ̯nən 'ʃmʊkʃtʏk]

من یک گوشواره می خواهم.
Ich hätte gerne Ohrringe.
[ɪç 'hɛtə 'gɛʁnə 'o:ɐ̯ˌʀɪŋə]

من یک انگشتر می خواهم.
Ich hätte gerne einen Ring.
[ɪç 'hɛtə 'gɛʁnə 'aɪ̯nən ʀɪŋ]

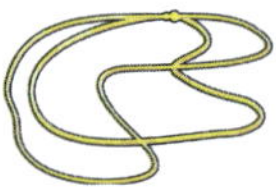

من یک زنجیر می خواهم.
Ich hätte gerne eine Kette.
[ɪç 'hɛtə 'gɛʁnə 'aɪ̯nə 'kɛtə]

من یک سنجاق سینه می خواهم.
Ich hätte gerne eine Brosche.
[ɪç 'hɛtə 'gɛʁnə 'aɪ̯nə 'bʀɔʃə]

من یک گردن بند می خواهم.
Ich hätte gerne eine Halskette.
[ɪç 'hɛtə 'gɛʁnə 'aɪ̯nə 'halsˌkɛtə]

من یک دست بند می خواهم.
Ich hätte gerne ein Armband.
[ɪç 'hɛtə 'gɛʁnə aɪ̯n 'aʁmˌbant]

من یک ساعت مچی می خواهم.
Ich hätte gerne eine Armbanduhr.
[ɪç 'hɛtə 'gɛʁnə 'aɪ̯nə 'aʁmbantˌʔu:ɐ̯]

من یک آویز می خواهم.
Ich hätte gerne einen Anhänger.
[ɪç 'hɛtə 'gɛʁnə 'aɪ̯nən 'anˌhɛŋɐ]

آیا طلا است؟
Ist das Gold?
[ɪst das gɔlt]

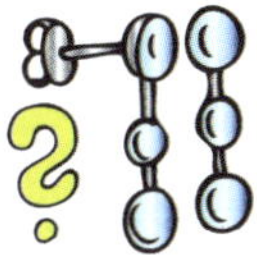

آیا گوشواره طلا دارید؟
Haben Sie goldene Ohrringe?
[ˈhaːbən ziː ˈgɔldənə ˈoːɐ̯ˌʀɪŋə]

من می خواهم یک انگشتر طلا ببینم.
Ich möchte mir einen goldenen Ring anschauen.
[ɪç ˈmœçtə miːɐ̯ ˈaɪ̯nən ˈgɔldənən ʀɪŋ ˈanʃaʊ̯ən]

من می خواهم یک حلقه ازدواج ببینم.
Ich möchte mir einen Trauring anschauen.
[ɪç ˈmœçtə miːɐ̯ ˈaɪ̯nən ˈtʀaʊ̯ˌʀɪŋ ˈanʃaʊ̯ən]

من یک ساعت می خواهم.
Ich hätte gerne eine Uhr.
[ɪç ˈhɛtə ˈgɛʁnə ˈaɪ̯nə uːɐ̯]

Schmuck/Uhren - جواهرآلات/ساعت مچی

آیا دست ساز است؟
Ist das Handarbeit?
[ɪst das 'hantʔaʁˌbaɪ̯t]

آیا سند رسمی دارد؟
Gibt es dafür ein Zertifikat?
[gi:pt ɛs da'fy:ɐ̯ aɪ̯n ˌtsɛʁtifi'ka:t]

ممکن است لطفاً باتری ساعتم را عوض کنید؟
Könnten Sie bitte die Batterie in meiner Uhr wechseln?
['kœntn̩ zi: 'bɪtə di: ˌbatə'ʀi: ɪn 'maɪ̯nɐ u:ɐ̯ 'vɛksl̩n]

دکمه تنظیم خراب شده است.
Das Aufziehrädchen ist kaputt.
[das 'aʊ̯ftsi:ˌʀɛ:tçən ɪst ka'pʊt]

کلمات مفید

Diamant [ˌdia'mant]	الماس
Perle ['pɛʁlə]	مروارید
Platin ['pla:ti:n]	پلاتین
Kristallgeschirr [kʀɪs'talgəʃɪʁ]	بلور کریستال
Aquamarin [akvama'ʀi:n]	زمرد کبود
Smaragd [sma'ʀakt]	زمرد
Rubin [ʀu'bi:n]	یاقوت سرخ
Silber ['zɪlbɐ]	نقره
Gold [gɔlt]	طلا
Edelstein ['e:dl̩ʃtaɪ̯n]	سنگ گران قیمت
Halbedelsteine ['halpe:dl̩ʃtaɪ̯nə]	سنگ های نیمه قیمتی
Bijouterie [bi:'ʒu:təʁi:]	جواهر بدلی

کجا می توانم کنسرو پیدا کنم؟
Wo kann ich Konserven finden?
[vo: kan ɪç kɔn'zɛʁvən 'fɪndn̩]

کجا می توانم قهوه پیدا کنم؟
Wo kann ich Kaffee finden?
[vo: kan ɪç 'kafe 'fɪndn̩]

کجا می توانم چای پیدا کنم؟
Wo kann ich Tee finden?
[vo: kan ɪç te: 'fɪndn̩]

کجا می توانم لوازم آرایش پیدا کنم؟
Wo kann ich Toilettenartikel finden?
[vo: kan ɪç to̯a'lɛtn̩ˌaʁˌti:kl̩ 'fɪndn̩]

لطفاً چند برش گوشت ران خوک به من بدهید.
Geben Sie mir bitte ein paar Scheiben Schinken.
['ge:bn̩ zi: mi:ɐ̯ 'bɪtə aɪ̯n pa:ɐ̯ 'ʃaɪ̯bn̩ 'ʃɪŋkn̩]

آیا باید پخته شود؟
Muss das gekocht werden?
[mʊs das gə'kɔχt 've:ɐ̯dn̩]

بیشتر.
Etwas mehr.
['ɛtvas me:ɐ̯]

کمتر.
Etwas weniger.
['ɛtvas 've:nɪgɐ]

Im Supermarkt - در سوپرمارکت

لطفاً ممکن است یک کیسه به من بدهید؟
Kann ich bitte eine Tüte haben?
[kan ɪç 'bɪtə 'aɪ̯nə 'ty:tə 'ha:bən]

همین، متشکرم.
Das ist alles, danke.
[das ɪst 'aləs 'daŋkə]

آیا اینجا داروخانه هست؟
Gibt es hier eine Apotheke?
[gi:pt ɛs hi:ɐ̯ 'aɪ̯nə ˌapo'te:kə]

کلمات مفید

Nur Bargeld [nu:ɐ̯ 'ba:ɐ̯ˌgɛlt]	فقط پول نقد
Haushaltswaren ['haʊ̯shaltsˌva:ʀən]	کالاهای خانگی
Feinkostgeschäft/Delikatessen ['faɪ̯nkɔstgəʃɛft / delika'tɛsn̩]	اغذیه فروشی
Bäckerei [ˌbɛkə'ʀaɪ̯]	نانوایی
Nicht auftauen [nɪçt 'aʊ̯ftaʊ̯ən]	در یخچال نگهداری شود
Zu verkaufen bis ... [ʦu: fɛɐ̯'kaʊ̯fən bɪs]	فروش تا تاریخ
mikrowellengeeignet ['mi:kʀovɛləngəˌʔaɪ̯gnət]	قابل استفاده در مایکروویو
Unze ['ʊnʦə]	اونس
Pfund [pfʊnt]	پاوند
Dutzend ['dʊtsn̩t]	دوجین
Kilo ['ki:lo]	کیلو
Gramm [gʀam]	گرم
Liter ['li:tɐ]	لیتر
Kupon [ku'põ]	کوپن
Rabatt [ʀa'bat]	تخفیف
Beleg [bə'le:k]	رسید

کجا باید پرداخت کنم؟
Wo bezahle ich?
[vo: bəˈʦa:lə ɪç]

آیا کارت اعتباری قبول می کنید؟
Nehmen Sie Kreditkarten an?
[ˈne:mən zi: kʀeˈdi:tˌkaʁtn̩ an]

آیا ارز خارجی قبول می کنید؟
Nehmen Sie ausländische Währung an?
[ˈne:mən zi: ˈaʊ̯sˌlɛndɪʃə ˈvɛ:ʀʊŋ an]

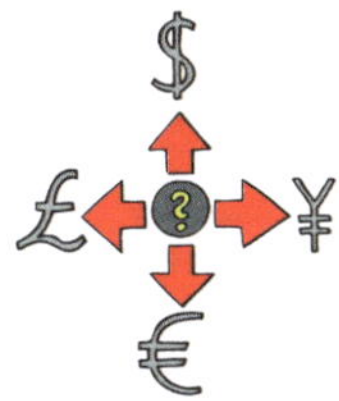

آیا چک مسافرتی قبول می کنید؟
Nehmen Sie Reiseschecks an?
[ˈne:mən zi: ˈʀaɪ̯zəʃɛks an]

من این قدر نمی توانم پرداخت کنم.
Das ist mehr als ich bezahlen kann.
[das ɪst me:ɐ̯ als ɪç ˌbəˈʦa:lən kan]

آیا می توانم آن را بدون پرداخت مالیات بخرم؟
Kann ich es zollfrei kaufen?
[kan ɪç ɛs ˈʦɔlfʀaɪ̯ ˈkaʊ̯fn̩]

ممکن است قیمت بهتری به من بدهید؟
Können Sie mir einen besseren Preis anbieten?
[ˈkœnən zi: mi:ɐ̯ ˈaɪ̯nən ˈbɛsəʀən pʀaɪ̯s ˈanˌbi:tn̩]

ممکن است تخفیف نقدی به من بدهید؟
Können Sie mir einen Barzahlungsrabatt gewähren?
[ˈkœnən zi: mi:ɐ̯ ˈaɪ̯nən ˈba:ɐ̯ˌʦa:lʊŋsʀaˌbat ˌgəˈvɛ:ʀən]

ممکن است رسید به من بدهید؟
Können Sie mir einen Beleg geben?
['kœnən ziː miːɐ̯ 'aɪ̯nən bə'leːk 'geːbn̩]

در صورتحساب اشتباهی نشده است؟
Ist da nicht ein Fehler in der Rechnung?
[ɪst daː nɪçt aɪ̯n 'feːlɐ ɪn deːɐ̯ 'ʀɛçnʊŋ]

ممکن است دوباره آن را چک کنید؟
Prüfen Sie es noch einmal nach, bitte?
['pʀyːfən ziː ɛs nɔχ 'aɪ̯nmaːl naːχ 'bɪtə]

من پول داده ام!
Ich habe schon bezahlt!
[ɪç 'haːbə ʃoːn bə'ʦaːlt]

من می خواهم این را پس بدهم.
Ich möchte das zurückgeben.
[ɪç 'mœçtə das ʦu'ʀʏkˌgeːbn̩]

این رسید پرداخت من است.
Hier ist mein Zahlungsbeleg.
[hiːɐ̯ ɪst maɪ̯n 'ʦaːlʊŋsbəˌleːk]

این خراب است.
Das ist kaputt.
[das ɪst ka'pʊt]

تعمیرات/لباسشویی
Reparaturen und Wäscherei

Wäscherei/Chemische Reinigung - لباسشویی/خشکشویی

نزدیکترین لباسشویی کجاست؟
Wo ist die nächste Wäscherei?
[vo: ɪst di: 'nɛ:çstə ˌvɛʃə'ʀaɪ̯]

نزدیکترین خشکشویی کجاست؟
Wo ist die nächste chemische Reinigung?
[vo: ɪst di: 'nɛ:çstə 'çe:miʃə 'ʀaɪ̯nɪgʊŋ]

نزدیکترین لباسشویی سکه ای کجاست؟
Wo ist der nächste Waschsalon?
[vo: ɪst de:ɐ̯ 'nɛ:çstə 'vaʃˌsalɔn]

چقدر هزینه دارد؟
Was wird es kosten?
[vas vɪʁt ɛs 'kɔstn̩]

چه موقع لباس های من آماده است؟
Wann kann ich meine Sachen zurückhaben?
[van kan ɪç 'maɪ̯nə 'zaχn̩ ʦu'ʀʏkˌha:bn̩]

اینها وسایل من نیستند.
Das sind nicht meine Sachen.
[das zɪnt nɪçt 'maɪ̯nə 'zaχn̩]

من می خواهم این را بشویید.
Ich möchte das waschen lassen.
[ɪç 'mœçtə das 'vaʃn̩ 'lasn̩]

Wäscherei/Chemische Reinigung - لباسشویی/خشکشویی

من می خواهم این را اتو کنید.
Ich möchte das bügeln lassen.
[ɪç 'mœçtə das 'by:gl̩n 'lasn̩]

من می خواهم این را خشکشویی کنید.
Ich möchte das chemisch reinigen lassen.
[ɪç 'mœçtə das 'çe:mɪʃ 'ʀaɪ̯nɪgŋ̍ 'lasn̩]

اتو نکنید.
Nicht bügeln.
[nɪçt 'by:gl̩n]

از مایع سفید کننده استفاده نکنید.
Nicht bleichen.
[nɪçt 'blaɪ̯çn̩]

فقط خشکشویی کنید.
Nur trocken reinigen
[nu:ɐ̯ 'tʀɔkn̩ 'ʀaɪ̯nɪgŋ̍]

خشکشویی نکنید.
Nicht chemisch reinigen.
[nɪçt 'çe:mɪʃ 'ʀaɪ̯nɪgŋ̍]

فقط با دست بشویید.
Nur Handwäsche
[nu:ɐ̯ 'hant,vɛʃə]

کلمات مفید

waschen ['vaʃn̩] . . . . شستشو
trocknen ['tʀɔknən] . . . . خشک کردن
Waschmaschine ['vaʃmaʃi:nə] . . . . ماشین لباسشویی
Trockner ['tʀɔknɐ] . . . . خشک کن
Weichspüler ['vaɪ̯çʃpy:lɐ] . . . . نرم کننده پارچه
Bleichmittel ['blaɪ̯ç,mɪtl̩] . . . . سفید کننده.
(Flüssig-)Waschmittel ['flʏsɪç,vaʃ,mɪtl̩] . . . . مایع شوینده
Münzen ['mʏntsn̩] . . . . سکه
weiße Wäsche ['vaɪ̯sə 'vɛʃə] . . . . لباس های سفید
farbige Wäsche ['faʁbɪgə 'vɛʃə] . . . . لباس های رنگی
helle Wäsche ['hɛlə 'vɛʃə] . . . . لباس های روشن
dunkle Wäsche ['dʊŋklə 'vɛʃə] . . . . لباس های تیره
Feinwäsche ['faɪ̯n,vɛʃə] . . . . لباس های ظریف
Getrennt waschen. [gə'tʀɛnt 'vaʃn̩] . . . . جداگانه بشویید.
Auf links waschen. [aʊ̯f lɪŋks 'vaʃn̩] . . . . پشت و رو بشویید.

می توانید این را تعمیر کنید؟
Können Sie das reparieren?
['kœnən zi: das ˌʀepa'ʀi:ʀən]

ارزش تعمیر دارد؟
Lohnt es, das zu reparieren?
[lo:nt ɛs das ʦu: ˌʀepa'ʀi:ʀən]

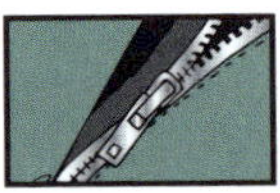

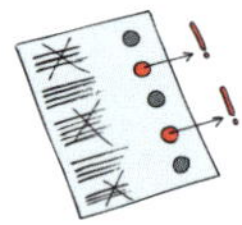

فقط تعمیرات ضروری را انجام دهید.
Machen Sie nur das Nötigste.
['maχn̩ zi: nu:ɐ̯ das 'nø:tɪçstə]

آیا می توانید زیپ را درست کنید؟
Können Sie den Reißverschluss reparieren?
['kœnən zi: de:n 'ʀaɪ̯sfɛɐ̯ʃlʊs ˌʀepa'ʀi:ʀən]

آیا برای این باتری دارید؟
Haben Sie eine Batterie hierfür?
['ha:bən zi: 'aɪ̯nə ˌbatə'ʀi: 'hi:ɐ̯'fy:ɐ̯]

چقدر طول می کشد تعمیرش کنید؟
Wie lang wird die Reparatur dauern?
: laŋ vɪʁt di: ˌʀepaʀa'tu:ɐ̯ 'daʊ̯ɐn]

درست کار نمی کند.
Es funktioniert nicht richtig.
ɛs ˌfʊŋkʦi̯o'ni:ɐ̯t nɪçt 'ʀɪçtɪç]

چطور کار می کند؟
Wie funktioniert das?
[vi: ˌfʊŋkʦi̯o'ni:ɐ̯t das]

ورزش/تفریح
Sport/Freizeit

Camping - اردو زدن

آیا این اطراف اردوگاه هست؟
Gibt es in der Nähe einen Campingplatz?
[giːpt ɛs ɪn deːɐ̯ ˈnɛːə ˈaɪ̯nən ˈkɛmpɪŋˌplaʦ]

امکان دارد اینجا اردو بزنیم.
Können wir hier draußen zelten?
[ˈkœnən viːɐ̯ hiːɐ̯ ˈdʀaʊ̯sən ˈʦɛltn̩]

هزینه یک کاراوان چقدر است؟
Was kostet es pro Wohnwagen?
[vas ˈkoːstət ɛs pʀoː ˈvoːnˌvaːgn̩]

هزینه یک ماشین چقدر است؟
Was kostet es pro Auto?
[vas ˈkoːstət ɛs pʀoː ˈaʊ̯to]

هزینه روزانه چقدر است؟
Was kostet ein Tag?
[vas ˈkoːstət aɪ̯n taːk]

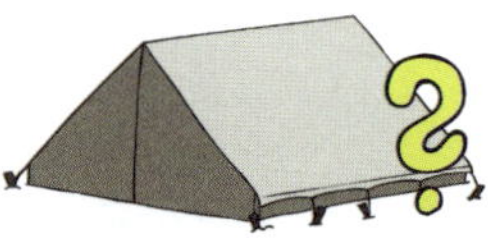

آیا برای یک چادر جا دارید؟
Haben Sie Platz für ein Zelt?
[ˈhaːbən ziː plaʦ fyːɐ̯ aɪ̯n ʦɛlt]

هزینه یک چادر چقدر است؟
Was kostet es pro Zelt?
[vas ˈkoːstət ɛs pʀoː ʦɛlt]

کجا می توانم مقداری آب آشامیدنی پیدا کنم؟
Wo kann ich Trinkwasser bekommen?
[voː kan ɪç 'tʀɪŋkˌvasɐ ˌbə'kɔmən]

آیا اینجا دوش هست؟
Gibt es Duschen auf dem Campingplatz?
[giːpt ɛs 'duːʃn̩ aʊ̯f deːm 'kɛmpɪŋˌplats]

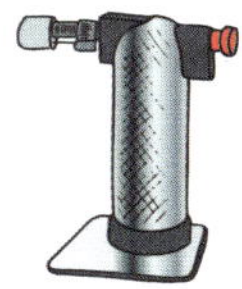

کجا می توانم مقداری گاز بوتان پیدا کنم؟
Wo kann ich Butangas bekommen?
[voː kan ɪç bu'taːnˌgaːs ˌbə'kɔmən]

آیا اینجا سطل زباله هست؟
Gibt es Mülltonnen auf dem Campingplatz?
[giːpt ɛs 'mʏlˌtɔnən aʊ̯f deːm 'kɛmpɪŋˌplats]

آیا اینجا پریز برق هست؟
Gibt es Elektro-Steckdosen auf dem Campingplatz?
[giːpt ɛs e'lɛktʀoʃtɛkˌdoːzn̩ aʊ̯f deːm 'kɛmpɪŋˌplats]

آیا شهر از اینجا خیلی دور است؟
Ist die Stadt weit weg von hier?
[ɪst diː ʃtat vaɪ̯t vɛk fɔn hiːɐ̯]

من یک نقشه مسیرهای پیاده روی این منطقه را می خواهم.
Ich brauche eine Karte mit den Wanderwegen dieser Gegend.
[ɪç 'bʀaʊ̯χə 'aɪ̯nə 'kaʁtə mɪt deːn 'vandɐˌveːgn̩ 'diːzɐ 'geːgn̩t]

اینجا بیش از حد شلوغ است.
Hier ist es zu voll.
[hiːɐ̯ ɪst ɛs t͡suː fɔl]

زمین خیلی سفت است.
Der Boden ist zu hart.
[deːɐ̯ ˈboːdn̩ ɪst t͡suː haʁt]

زمین خیلی ناهموار است.
Der Boden ist zu uneben.
[deːɐ̯ ˈboːdn̩ ɪst t͡suː ˈʊnʔeːbn̩]

آیا اینجا ماهیگیری مجاز است؟
Ist das Fischen erlaubt hier?
[ɪst das ˈfɪʃn̩ ɛɐ̯ˈlau̯pt hiːɐ̯]

آیا اینجا شکار مجاز است؟
Ist das Jagen erlaubt hier?
[ɪst das ˈjaːgən ɛɐ̯ˈlau̯pt hiːɐ̯]

کلمات مفید

Streichhölzer [ˈʃtʀaɪ̯çˌhœlt͡sɐ] . . . . کبریت
Holzkohle [ˈhɔlt͡sˌkoːlə] . . . . زغال
Butangas [buˈtaːnˌgaːs] . . . . گاز بوتان
Zeltstange [ˈt͡sɛltˌʃtaŋə] . . . . تیر چادر
Hammer [ˈhamɐ] . . . . چکش
Zeltpflöcke [ˈt͡sɛltˌpflœkə] . . . . میخ چادر
Kerosinkocher [keʀoˈziːnˌkɔχɐ] . . . . اجاق نفتی
Schlafsack [ˈʃlaːfˌzak] . . . . کیسه خواب
Unterlegplane [ˈʊnteleːkˌplaːnə] . . . . زیرانداز
Isomatte [ˈiːzomatə] . . . . تشکچه
Lagerfeuer [ˈlaːgeˌfɔɪ̯ɐ] . . . . آتش
Zeltplatz [ˈt͡sɛltˌplat͡s] . . . . اردوگاه
Trinkwasser [ˈtʀɪŋkˌvasɐ] . . . . آب آشامیدنی

Am Strand - در ساحل

چه طور می توانم ازاینجا به ساحل بروم؟
Wie komme ich von hier zum Strand?
[vi: ˈkɔmə ɪç fɔn hi:ɐ̯ tsʊm ʃtʀant]

ساحل ریگی است یا شنی؟
Ist der Strand steinig oder sandig?
[ɪst de:ɐ̯ ʃtʀant ˈʃtaɪ̯nɪç ˈo:dɐ ˈzandɪç]

آیا اینجا برای شنا کردن بی خطر است؟
Ist es nicht gefährlich, hier zu schwimmen?
[ɪst ɛs nɪçt ˌgəˈfɛ:ɐ̯lɪç hi:ɐ̯ tsu: ˈʃvɪmən]

آیا این اطراف استخر روباز هست؟
Gibt es ein Freibad in der Nähe?
[gi:pt ɛs aɪ̯n ˈfʀaɪ̯ˌba:t ɪn de:ɐ̯ ˈnɛ:ə]

دیکترین پارک آبی کجاست؟
Wo ist der nächste Aquapar
[vo: ɪst de:ɐ̯ ˈnɛ:çstə ˈa:kvaˌpaʁ

آیا اینجا مرکز امادگی جسمانی هست؟
Haben Sie hier ein Fitnesszentrum?
[ˈha:bən zi: hi:ɐ̯ aɪ̯n ˈfɪtnɛsˌtsɛntʀʊm

می توانم آنجا اسکی روی آب کنم؟
Kann ich dort Wasserski fahren?
[kan ɪç dɔʁt 'vasɐʃi: 'fa:ʀən]

می توانم آنجا موج سواری کنم؟
Kann ich dort surfen?
[kan ɪç dɔʁt 'zœʁfn̩]

می توانم آنجا غواصی کنم؟
Kann ich dort tauchen?
[kan ɪç dɔʁt 'taʊ̯χn̩]

می توانم آنجا با هواپیمای بی موتوری پرواز کنم؟
Kann ich dort Segelfliegen gehen?
[kan ɪç dɔʁt 'ze:gl̩ˌfli:gn̩ 'ge:ən]

نزدیکترین دفتر کرایه کجاست؟
Wo ist das nächste Mietbüro?
[vo: ɪst das 'nɛ:çstə 'mi:tbyˌʀo:]

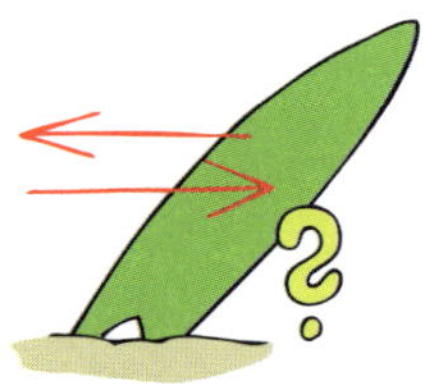

کجا می توانم یک تخته موج سواری کرایه کنم؟
Wo kann ich ein Surfbrett mieten?
[vo: kan ɪç aɪ̯n 'zø:ɐ̯fˌbʀɛt 'mi:tən]

هزینه کرایه یک تخته موج سواری چقدر است؟
Was kostet es, ein Surfbrett zu mieten?
[vas 'ko:stət ɛs aɪ̯n 'zø:ɐ̯fˌbʀɛt ʦu: 'mi:tən]

گذاشتن ودیعه لازم است؟
Ist es nötig, eine Kaution zu hinterlegen?
[ɪst ɛs 'nø:tɪç 'aɪ̯nə kaʊ̯'ʦi̯o:n ʦu: ˌhɪntɐ'le:gn̩]

کجا می توانم یک تخت مخصوص ساحل کرایه کنم؟
Wo kann ich eine Sonnenbank mieten?
[vo: kan ɪç 'ai̯nə 'zɔnənˌbaŋk 'mi:tən]

کجا می توانم یک چتر کرایه کنم؟
Wo kann ich einen Schirm mieten?
[vo: kan ɪç 'ai̯nən ʃɪʁm 'mi:tən]

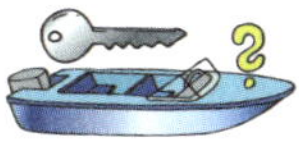

کجا می توانم یک قایق موتوری کرایه کنم؟
Wo kann ich ein Motorboot mieten?
[vo: kan ɪç ai̯n 'mo:to:ɐ̯ˌbo:t 'mi:tən]

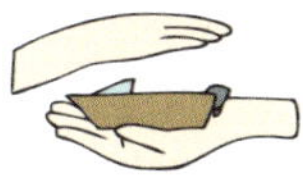

آیا این قایق برای شرایط اضطراری بیمه شده است؟
Ist das Boot gegen Notfälle versichert?
[ɪst das bo:t 'ge:gn̩ 'no:tˌfɛlə fɛɐ̯'zɪçɐt]

چه موقع باید قایق را برگردانم؟
Wann muss ich das Boot zurückbringen?
[van mʊs ɪç das bo:t ʦu'ʀʏkˌbʀɪŋən]

اینجا صخره های دریایی یا جریانهای قوی دارد؟
Gibt es hier Riffe oder starke Strömungen
[gi:pt ɛs hi:ɐ̯ 'ʀɪfə 'o:dɐ 'ʃtaʁkə 'ʃtʀø:mʊŋə

نزدیکترین مرکز غواصی کجاست؟
Wo ist das nächste Diving-Zentrum?
[vo: ɪst das ˈnɛ:çstə ˈdaɪvɪŋˌʦɛntʀʊm]

کجا می توانم یک مربی پیدا کنم؟
Wo kann ich einen Trainer finden?
[vo: kan ɪç ˈaɪ̯nən ˈtʀɛ:nɐ ˈfɪndn̩]

ذخیره اکسیژن چه قدر است؟
Wie lange hält die Sauerstoffflasche?
[vi: ˈlaŋə hɛlt di: ˈzaʊ̯ɐʃtɔfˌflaʃə]

امکان دارد یک لباس و وسایل غواصی کرایه کنم؟
Kann ich einen Taucheranzug und Tauchausrüstung mieten?
[kan ɪç ˈaɪ̯nən ˈtaʊ̯xɐˌʔanʦu:k ʊnt ˈtaʊ̯xʔaʊ̯sˌʀʏstʊŋ ˈmi:tən]

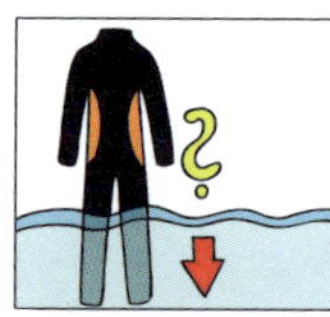

تا چه عمقی می توانم با این لباس غواصی بروم؟
Wie tief kann ich mit diesem Taucheranzug tauchen?
[vi: ti:f kan ɪç mɪt ˈdi:zəm ˈtaʊ̯xɐˌʔanʦu:k ˈtaʊ̯xn̩]

عمق اینجا چقدر است؟
Wie tief ist es hier?
[vi: ti:f ɪst ɛs hi:ɐ̯]

آیا جریانهای زیر آب وجود دارد؟
Gibt es hier Unterwasserströmungen?
[gi:pt ɛs hi:ɐ̯ ʊntɐˈvasɐʃtʀø:mʊŋən]

سلامتی/داروخانه
Gesundheit/Apotheke

Symptome - علائم بیماری

قفسه سینه ام درد می کند.
Ich habe Schmerzen in der Brust.
[ɪç 'haːbə 'ʃmɛʁtsn̩ ɪn deːɐ̯ bʁʊst]

پهلویم درد می کند.
ch habe Schmerzen in der Seite.
[ɪç 'haːbə 'ʃmɛʁtsn̩ ɪn deːɐ̯ 'zaɪ̯tə]

حالم خوب نیست.
Ich fühle mich nicht wohl.
[ɪç 'fyːlə mɪç nɪçt voːl]

من تب دارم.
Ich habe Fieber.
[ɪç 'haːbə 'fiːbɐ]

گلویم درد می کند.
Ich habe Halsschmerzen.
[ɪç 'haːbə 'halsʃmɛʁtsn̩]

کمرم درد می کند.
ch habe Rückenschmerzen.
[ɪç 'haːbə 'ʁʏkn̩ʃmɛʁtsn̩]

دستم درد می کند.
Ich habe Schmerzen in meinem Arm.
[ɪç 'haːbə 'ʃmɛʁtsn̩ ɪn 'maɪ̯nəm aʁm]

Symptome - علائم بیماری

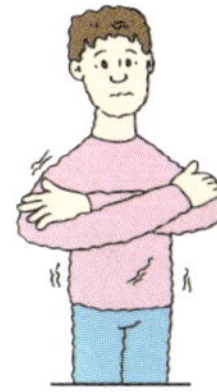

من لرز دارم.
Ich habe Schüttelfrost.
[ɪç ˈhaːbə ˈʃʏtl̩ˌfʀɔst]

سرم درد می کند.
Ich habe Kopfschmerzen.
[ɪç ˈhaːbə ˈkɔpfʃmɛʁʦn̩]

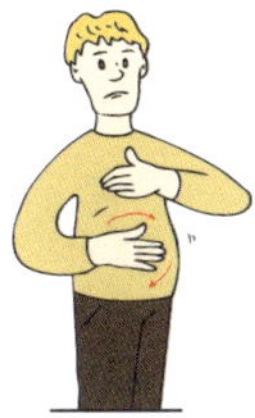

احساس ضعف دارم.
Ich fühle mich schwach.
[ɪç ˈfyːlə mɪç ʃvaχ]

معده ام درد می کند.
Ich habe Bauchschmerzen.
[ɪç ˈhaːbə ˈbaʊ̯χʃmɛʁʦn̩]

ده ام به هم ریخته است.
Ich habe eine Magenverstimmu
[ɪç ˈhaːbə ˈaɪ̯nə ˈmaːgn̩fɛɐ̯ʃtɪmʊ

احساس سرگیجه دارم.
Mir ist schwindlig.
[miːɐ̯ ɪst ˈʃvɪndlɪç]

احساس می کنم مریض شده ام.
Mir ist schlecht.
[miːɐ̯ ɪst ʃlɛçt]

دندانم درد می کند.
Ich habe Zahnschmerzen.
[ɪç ˈhaːbə ˈʦaːnʃmɛʁʦn̩]

کمی بهتر هستم.
Ich fühle mich etwas besser.
[ɪç ˈfyːlə mɪç ˈɛtvas ˈbɛsɐ]

Symptome - علائم بیماری

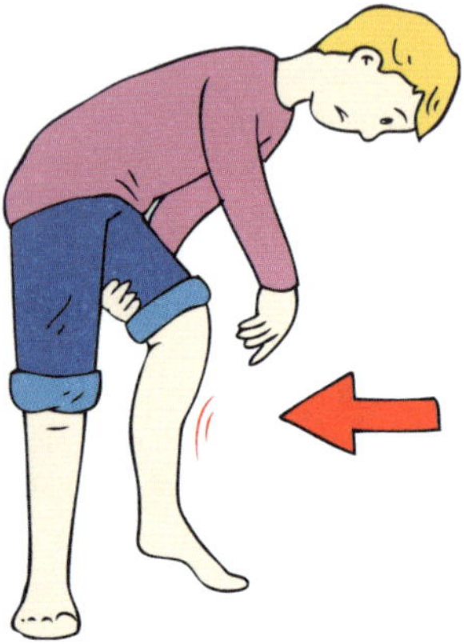

من شکستگی دارم.
Ich habe einen Bruch.
[ɪç ˈhaːbə ˈaɪ̯nən bʀʊχ]

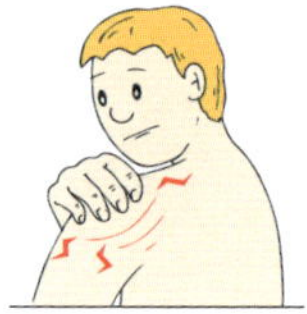

من دچار کشیدگی عضله شده ام.
Ich habe eine Zerrung.
[ɪç ˈhaːbə ˈaɪ̯nə ˈʦɛʀʊŋ]

من ضرب دیده ام.
Ich habe eine Prellung.
[ɪç ˈhaːbə ˈaɪ̯nə ˈpʀɛlʊŋ]

من جراحت دارم.
Ich habe eine Wunde.
[ɪç ˈhaːbə ˈaɪ̯nə ˈvʊndə]

اینجایم باد کرده است.
Ich habe eine Beule.
[ɪç ˈhaːbə ˈaɪ̯nə ˈbɔɪ̯lə]

من دمل درآورده ام.
Ich habe ein Furunkel.
[ɪç ˈhaːbə aɪ̯n fuˈʀʊŋkl̩]

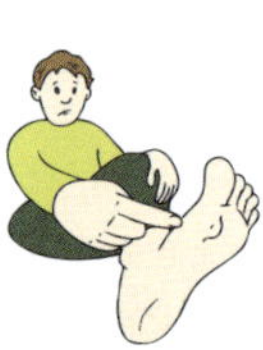

من تاول زده ام.
Ich habe eine Blase.
[ɪç ˈhaːbə ˈaɪ̯nə ˈblaːzə]

من سوخته ام.
Ich habe eine Verbrennung.
[ɪç ˈhaːbə ˈaɪ̯nə ˌfɛɐ̯ˈbʀɛnʊŋ]

Symptome - علائم بیماری

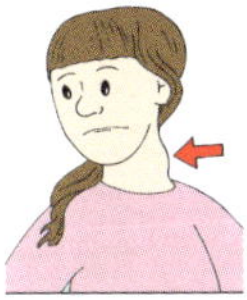

من ورم دارم.
Ich habe eine Schwellung.
[ɪç ˈhaːbə ˈaɪ̯nə ˈʃvɛlʊŋ]

من بریدگی دارم.
Ich habe eine Schnittwunde.
[ɪç ˈhaːbə ˈaɪ̯nə ˈʃnɪtˌvʊndə]

من خراشیدگی دارم.
Ich habe einen Kratzer.
[ɪç ˈhaːbə ˈaɪ̯nən ˈkʀat͡sɐ]

من آسم دارم.
Ich habe Asthma.
[ɪç ˈhaːbə ˈastma]

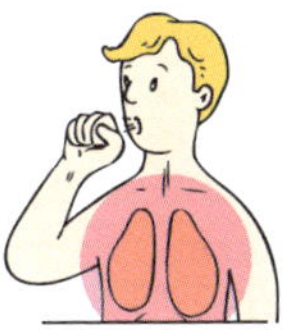

من ذات الریه دارم.
Ich habe eine Lungenentzündung.
[ɪç ˈhaːbə ˈaɪ̯nə ˈlʊŋənʔɛntˌt͡sʏndʊŋ]

من اغلب سر درد دارم.
Ich kriege oft Kopfschmerzen.
[ɪç ˈkʀiːgə ɔft ˈkɔpfˌʃmɛʁt͡sn̩]

من آنفولانزا دارم.
Ich habe Grippe.
[ɪç ˈhaːbə ˈgʀɪpə]

من برونشیت دارم.
Ich habe eine Bronchitis.
[ɪç ˈhaːbə ˈaɪ̯nə ˌbʀɔnˈçiːtɪs]

Symptome - علائم بیماری

آبريزش بيني دارم.
Ich habe Schnupfen.
[ɪç 'ha:bə 'ʃnʊpfn̩]

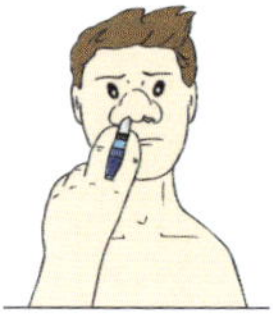

بینی ام گرفته است.
Ich habe eine verstopfte Nase.
ç 'ha:bə 'aɪ̯nə ˌfɛɐ̯'ʃtɔpftə 'na:zə]

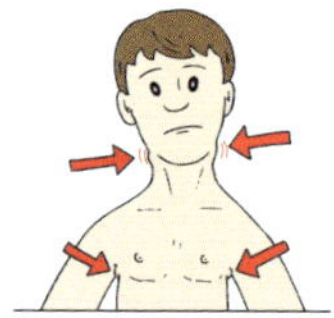

غدد لنفاوی من ورم کرده اند.
Meine Lymphknoten sind geschwollen.
['maɪ̯nə 'lʏmfˌkno:tən zɪnt ˌgə'ʃvɔlən]

من اسهال دارم.
Ich habe Durchfall.
[ɪç 'ha:bə 'dʊʁçˌfal]

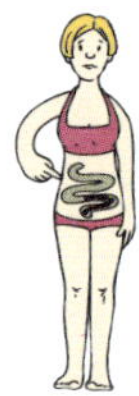

من یبوست دارم.
Ich habe Verstopfung.
[ɪç 'ha:bə ˌfɛɐ̯'ʃtɔpfʊŋ]

من بواسیر دارم.
Ich habe Hämorrhoiden.
ɪç 'ha:bə ˌhɛmɔ'ʁoi:dn̩]

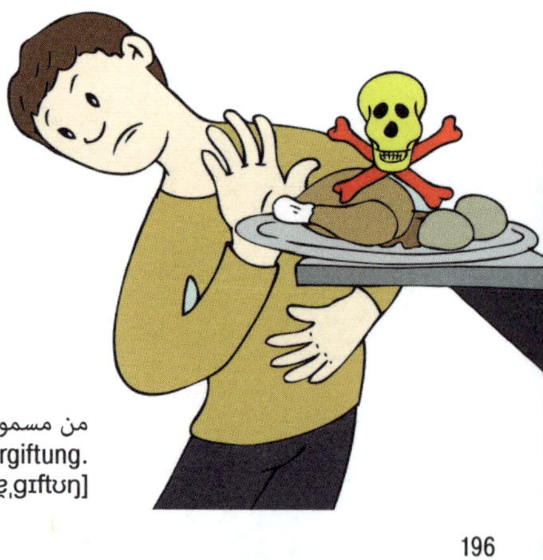

من مسموم شده ام.
Ich habe eine Lebensmittelvergiftung.
[ɪç 'ha:bə 'aɪ̯nə 'le:bn̩smɪtl̩fɛɐ̯ˌgɪftʊŋ]

Symptomeعلائم بیماری

من فشار خون بالا دارم.
Ich habe hohen Blutdruck.
[ɪç 'haːbə 'hoːən 'bluːtˌdʀʊk]

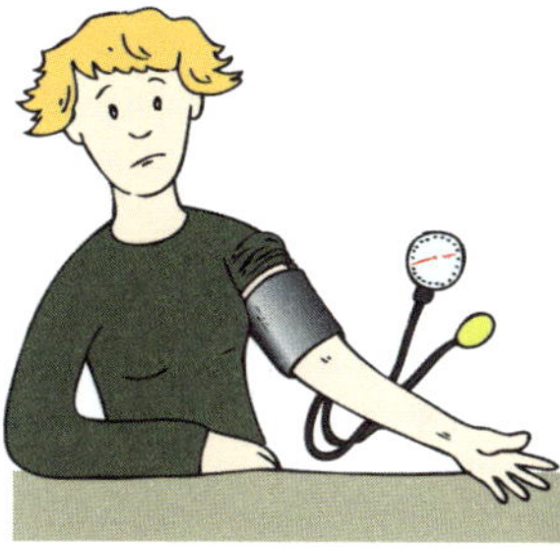

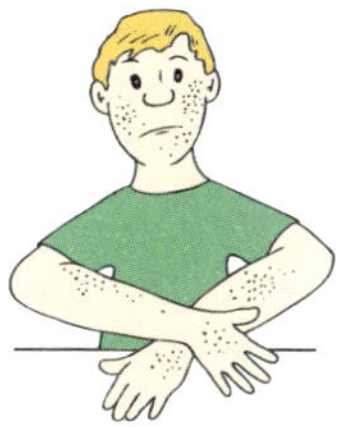

من دانه زده ام.
Ich habe Hautausschlag.
[ɪç 'haːbə 'haʊ̯tˌʔaʊ̯sʃlaːk]

درد شدید دارد.
Es ist ein stechender Schmerz.
[ɛs ɪst aɪ̯n 'ʃtɛçn̩dɐ ʃmɛʁʦ]

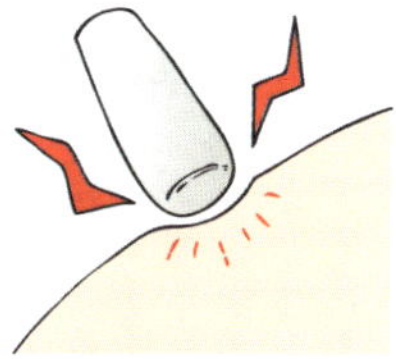

درد ملایمی دارد.
Es ist ein dumpfer Schmerz.
[ɛs ɪst aɪ̯n 'dʊmpfɐ ʃmɛʁʦ]

بیشتر شبها درد می کند.
Nachts tut es mehr weh.
[naχʦ tuːt ɛs meːɐ̯ veː]

دائم درد می کند.
Es tut ständig weh.
[ɛs tuːt 'ʃtɛndɪk 'ʃtɛndɪç veː]

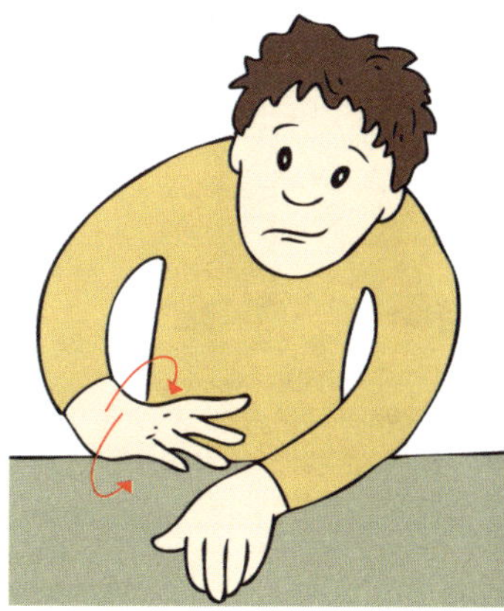

گاه و بیگاه درد می کند.
Es tut nur hin und wieder weh.
[ɛs tuːt nuːɐ̯ hitt ʊnt 'viːdɐ veː]

Symptome - علائم بیماری

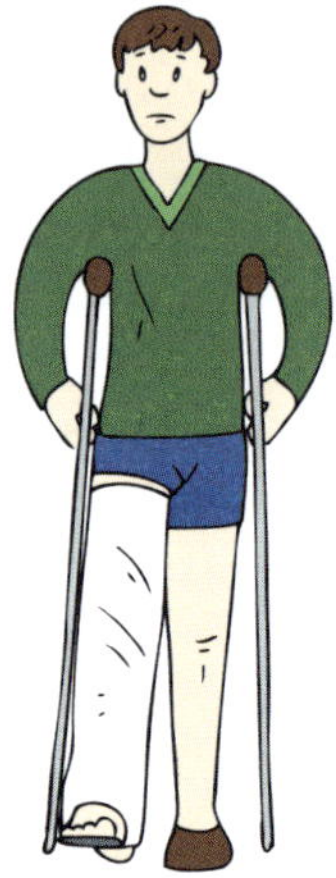

پای من شکسته است.
Ich habe mir das Bein gebrochen.
[ɪç 'haːbə miːɐ̯ das baɪ̯n gə'bʀɔχn̩]

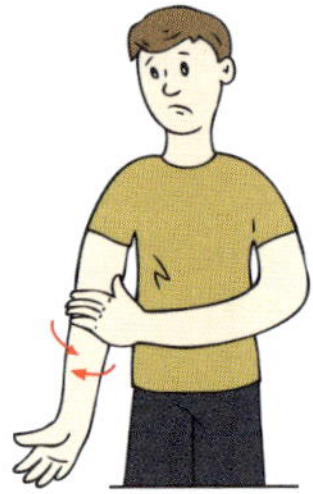

بازوی من در رفته است.
Ich habe mir den Arm verrenkt.
[ɪç 'haːbə miːɐ̯ deːn aʁm fɛɐ̯'ʀɛŋkt]

بازوی من شکسته است.
Ich habe mir den Arm gebrochen.
[ɪç 'haːbə miːɐ̯ deːn aʁm gə'bʀɔχn̩]

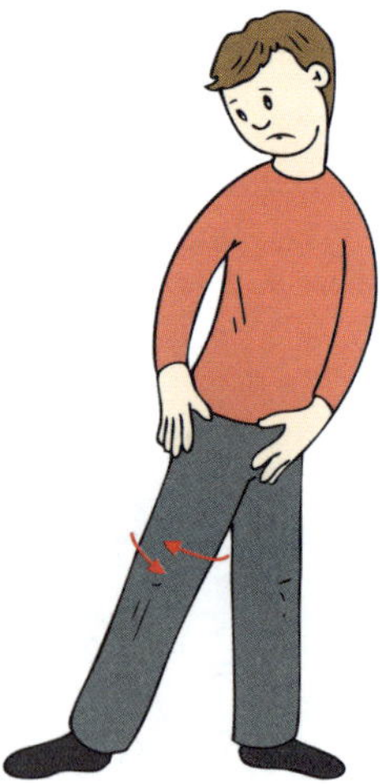

پای من در رفته است.
Ich habe mir das Bein verrenkt.
ɪç 'haːbə miːɐ̯ das baɪ̯n fɛɐ̯'ʀɛŋkt]

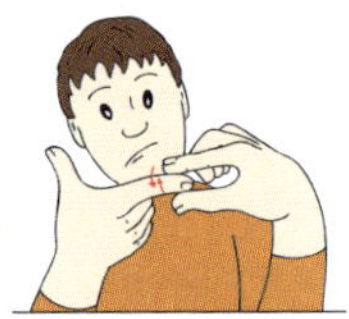

انگشت دست من در رفته است.
Ich habe mir den Finger verrenkt.
[ɪç 'haːbə miːɐ̯ deːn 'fɪŋɐ fɛɐ̯'ʀɛŋkt]

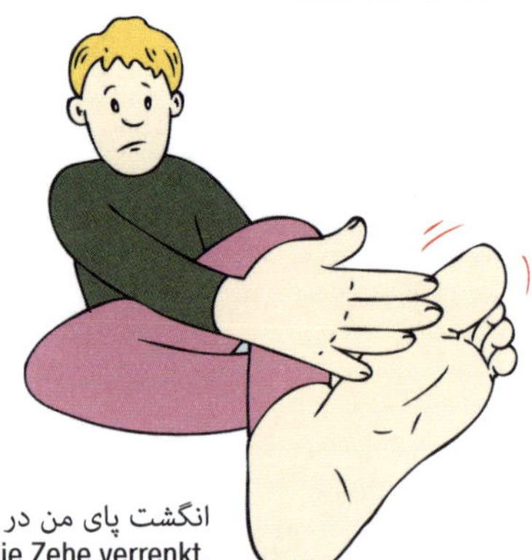

انگشت پای من در رفته است.
Ich habe mir die Zehe verrenkt.
[ɪç 'haːbə miːɐ̯ diː tseːə fɛɐ̯'ʀɛŋkt]

Symptome - علائم بیماری

سرم ضرب دیده است.
Ich habe mir meinen Kopf gestoßen.
[ɪç 'haːbə miːɐ̯ 'maɪ̯nən kɔpf gə'ʃtoːsn̩]

دستم ضرب دیده است.
Ich habe mir meine Hand gestoßen.
[ɪç 'haːbə miːɐ̯ 'maɪ̯nə hant gə'ʃtoːsn̩]

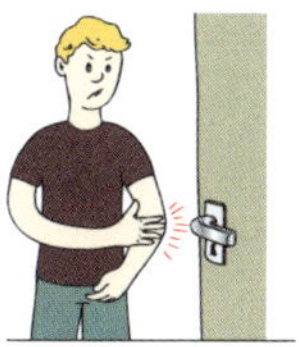

مچ پایم رگ به رگ شده است.
Ich habe mir den Fuß verstaucht.
[ɪç 'haːbə miːɐ̯ deːn fuːs fɛɐ̯'ʃtaʊ̯χt]

بازویم ضرب دیده است.
Ich habe mir meinen Arm gestoßen.
[ɪç 'haːbə miːɐ̯ 'maɪ̯nən aʁm gə'ʃtoːsn̩]

انگشت پای من شکسته است.
Ich habe mir die Zehe gebrochen.
[ɪç 'haːbə miːɐ̯ diː tseːə gə'bʀɔχn̩]

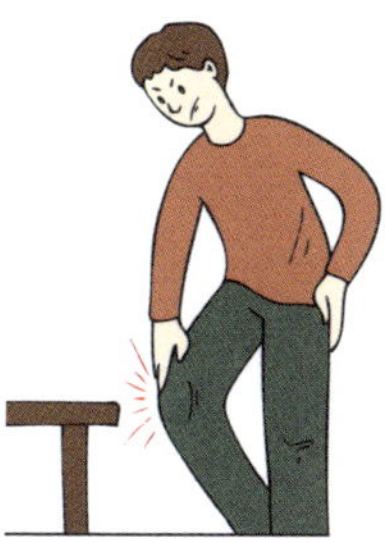

زانویم ضرب دیده است.
Ich habe mir mein Knie gestoßen.
[ɪç 'haːbə miːɐ̯ maɪ̯n kniː gə'ʃtoːsn̩]

انگشت دست من شکسته است.
Ich habe mir den Finger gebrochen.
[ɪç 'haːbə miːɐ̯ deːn 'fɪŋɐ gə'bʀɔχn̩]

Symptome - علائم بیماری

توی چشمم چیزی رفته است.
Mir ist etwas ins Auge gekommen.
[miːɐ̯ ɪst ˈɛtvas ɪns ˈaʊ̯gə ˌgəˈkɔmən]

من از بی خوابی رنج می برم.
Ich leide an Schlaflosigkeit.
[ɪç ˈlaɪ̯də an ˈʃlaːfloːzɪçˌkaɪ̯t]

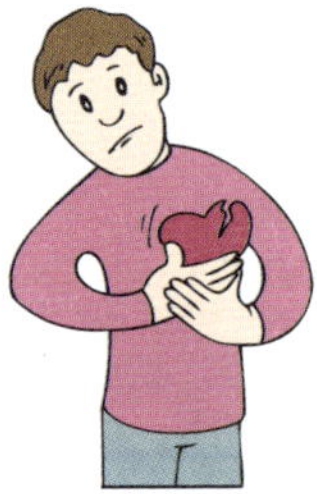

من به بیماری قلبی مبتلا شده ام.
Ich habe ein Herzproblem.
[ɪç ˈhaːbə aɪ̯n ˈhɛʁtspɹɔˌbləm]

من لاغر شده ام.
Ich verliere ständig am Gewicht.
[ɪç ˌfɛɐ̯ˈliːʁə ˈʃtɛndɪç am gəˈvɪçt]

من دیابت دارم.
Ich bin Diabetiker.
[ɪç bɪn ˌdiaˈbeːtikɐ]

من به بیماری قارچی انگشتان پا مبتلا شده ام.
Ich habe einen schlimmen Fall von Fußpilz.
[ɪç ˈhaːbə ˈaɪ̯nən ˈʃlɪmən fal fɔn ˈfuːsˌpɪlʦ]

من گزیده شده ام.
Ich wurde gebissen.
[ɪç ˈvʊʁdə gəˈbɪsn̩]

Symptome - علائم بیماری

ماشین زده شده ام.
Ich bin reisekrank.
[ɪç bɪn 'ʀaɪ̯zəˌkʀaŋk]

دریازده شده ام.
Ich bin seekrank.
[ɪç bɪn 'ze:ˌkʀaŋk]

کلمات مفید

Schmerz [ʃmɛʁts]	درد
Erkältung [ɛɐ̯'kɛltʊŋ]	سرماخوردگی
Husten ['hu:stn̩]	سرفه
Halsschmerzen ['halsˌʃmɛʁtsn̩]	گلودرد
Schwindel ['ʃvɪndl̩]	سرگیجه
Schüttelfrost ['ʃʏtl̩ˌfʀɔst]	لرز
Grippe ['gʀɪpə]	آنفولانزا
Furunkel [fu'ʀʊŋkl̩]	دمل
Bruch [bʀʊχ]	شکستگی
Zerrung ['tsɛʀʊŋ]	کشیدگی عضله
Blase ['bla:zə]	تاول
Wunde ['vʊndə]	جراحت
Prellung ['pʀɛlʊŋ]	کبودی
Beule ['bɔɪ̯lə]	برآمدگی
Verbrennung [fɛɐ̯'bʀɛnʊŋ]	سوختگی
Schnittwunde ['ʃnɪtˌvʊndə]	بریدگی
Kratzer ['kʀatsɐ]	خراشیدگی
Schwellung ['ʃvɛlʊŋ]	ورم
Hautausschlag ['haʊ̯tˌʔaʊ̯sʃla:k]	دانه
Insektenstich [ɪn'zɛktn̩ʃtɪç]	نیش حشره
Genickstarre [gə'nɪkʃtaʀə]	گرفتگی گردن
Unterleibsschmerzen ['ʊntɐlaɪ̯psʃmɛʁtsn̩]	شکم درد
Menstruationskrämpfe [mɛnstʀua'tsi̯o:nsˌkʀɛmpfə]	درد حیض
Kopfschmerzen ['kɔpfʃmɛʁtsn̩]	سردرد
Migräne [mi'gʀɛ:nə]	سردرد میگرنی

Arztbesuch - مراجعه به پزشک

من می خواهم یک وقت بگیرم.
Ich möchte einen Termin ausmachen.
[ɪç ˈmœçtə ˈaɪ̯nən tɛʁˈmiːn ˈaʊ̯sˌmaχn̩]

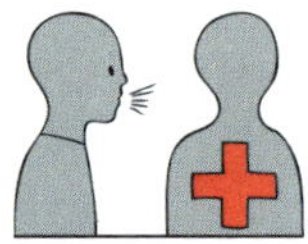

من می خواهم که پزشک مرا ببیند.
Ich möchte einen Arzt sprechen.
[ɪç ˈmœçtə ˈaɪ̯nən aːɐ̯tst ˈʃpʀɛçn̩]

مشاوره چه ساعتی است؟
Wann sind die Sprechzeiten?
[van zɪnt diː ˈʃpʀɛçˌtsaɪ̯tn̩]

نزدیکترین متخصص چشم کجاست؟
Wo ist der nächste Augenarzt?
[voː ɪst deːɐ̯ ˈnɛːçstə ˈaʊ̯gənˌʔaːɐ̯tst]

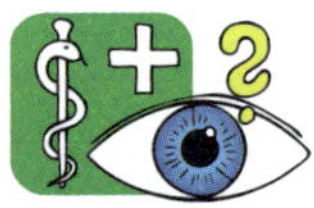

نزدیکترین متخصص حلق کجاست؟
Wo ist der nächste Hals-Spezialist?
[voː ɪst deːɐ̯ ˈnɛːçstə ˈhalsʃpetsi̯aˌlɪst]

نزدیکترین متخصص گوش کجاست؟
Wo ist der nächste Ohrenarzt?
[voː ɪst deːɐ̯ ˈnɛːçstə ˈoːʀənˌʔaːɐ̯tst]

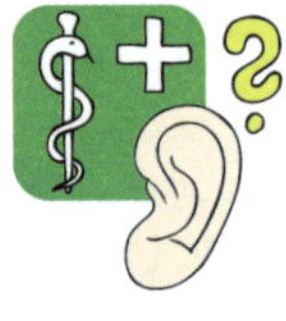

Arztbesuch - مراجعه به پزشک

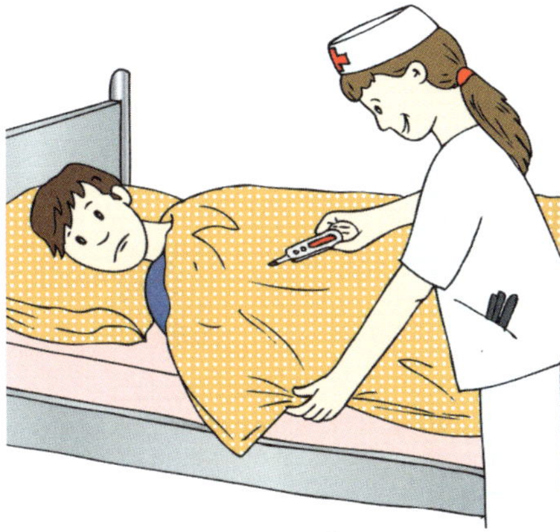

دمای بدن من چقدر است؟
Wie hoch ist meine Temperatur?
[vi: hoːχ ɪst 'maɪ̯nə ˌtɛmpəʁa'tuːɐ̯]

بهبودی چقدر طول می کشد؟
Wie lange wird es dauern, bis ich wieder gesund bin?
[vi: 'laŋə vɪʁt ɛs 'daʊ̯ɐn bɪs ɪç 'viːdɐ gə'zʊnt bɪn]

آیا می توانم به سفرم ادامه دهم؟
Kann ich meine Reise fortsetzen?
[kan ɪç 'maɪ̯nə 'ʁaɪ̯zə 'fɔʁtˌzɛtsn̩]

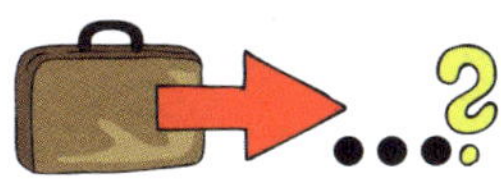

اجازه دارم تختخواب را ترک کنم؟
Darf ich schon aus dem Bett aufstehen?
[daʁf ɪç ʃoːn aʊ̯s deːm bɛt 'aʊ̯fʃteːən]

امکان دارد لطفاً به خانواده ام اطلاع دهید؟
Können Sie bitte meine Familie informieren?
['kœnən ziː 'bɪtə 'maɪ̯nə ˌfa'miːli̯ə ˌɪnfɔʁ'miːʁən]

آیا مسری است؟
Ist es ansteckend?
[ɪst ɛs 'anʃtɛkn̩t]

آیا خطرناک است؟
Ist es gefährlich?
[ɪst ɛs ˌgə'fɛːɐ̯lɪç]

مثبت است O گروه خونی من.
Meine Blutgruppe ist 0 positiv.
['maɪ̯nə 'blu:tˌgʀʊpə ɪst nʊl 'po:ziˌti:f]

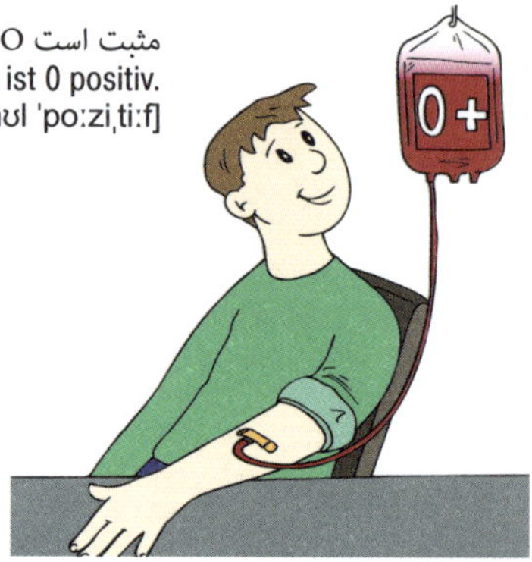

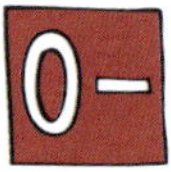

منفی است O گروه خونی من.
Meine Blutgruppe ist 0 negativ.
['maɪ̯nə 'blu:tˌgʀʊpə ɪst nʊl 'ne:gaˌti:f]

مثبت است A گروه خونی من.
Meine Blutgruppe ist A positiv.
['maɪ̯nə 'blu:tˌgʀʊpə ɪst a: 'po:ziˌti:f]

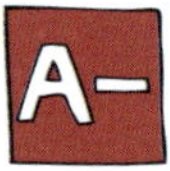

منفی است A گروه خونی من.
Meine Blutgruppe ist A negativ.
['maɪ̯nə 'blu:tˌgʀʊpə ɪst a: 'ne:gaˌti:f]

مثبت است B گروه خونی من.
Meine Blutgruppe ist B positiv.
['maɪ̯nə 'blu:tˌgʀʊpə ɪst be: 'po:ziˌti:f]

منفی است B گروه خونی من.
Meine Blutgruppe ist B negativ.
['maɪ̯nə 'blu:tˌgʀʊpə ɪst be: 'ne:gaˌti:f]

مثبت است AB گروه خونی من.
Meine Blutgruppe ist AB positiv.
['maɪ̯nə 'blu:tˌgʀʊpə ɪst a:be: 'po:ziˌti:f]

منفی است AB گروه خونی من.
Meine Blutgruppe ist AB negativ.
['maɪ̯nə 'blu:tˌgʀʊpə ɪst a:be: 'ne:gaˌti:f]

ممکن است چیزی برای قطع شدن درد به من بدهید؟
Können Sie mir etwas Schmerzstillendes geben?
['kœnən ziː miːɐ̯ 'ɛtvas ʃmɛʁts'ʃtɪlən̩dəs 'geːbn̩]

این آزمایش چقدر هزینه دارد؟
Wie viel wird dieser Test kosten?
[viː fiːl vɪʁt 'diːze tɛst 'kɔstn̩]

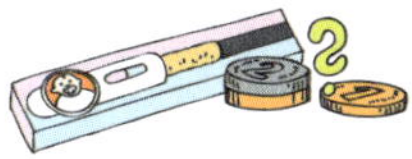

من نزدیک بین هستم.
Ich bin kurzsichtig.
[ɪç bɪn 'kʊʁtsˌzɪçtɪç]

من دوربین هستم.
Ich bin weitsichtig.
[ɪç bɪn 'vaɪ̯tˌzɪçtɪç]

من از این دارو استفاده می کنم.
Ich nehme diese Medizin.
[ɪç 'neːmə 'diːzə ˌmedi'tsiːn]

من رژیم دارم.
Ich bin auf Diät.
[ɪç bɪn aʊ̯f di'ɛːt]

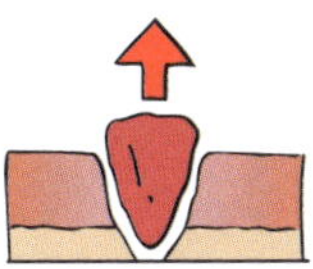

من قبلًا به خاطر زخم معده تحت درمان قرار گرفته ام.
Ich hatte vor Kurzem eine Geschwürbehandlung.
[ɪç 'hatə foːɐ̯ 'kʊʁtsəm 'aɪ̯nə gə'ʃvyːɐ̯bəˌhandlʊŋ]

طفاً ممکن است برای من یک آرام بخش بنویسید؟
Könnten Sie mir bitte ein Rezept für ein Beruhigungsmittel ausschreiben
['kœntn̩ ziː miːɐ̯ 'bɪtə aɪ̯n ʀe'tsɛpt fyːɐ̯ aɪ̯n bə'ʀuːɪgʊŋsˌmɪtl̩ 'aʊ̯sʃʀaɪ̯bn

Arztbesuch - مراجعه به پزشک

من باردار هستم.
Ich bin schwanger.
[ɪç bɪn 'ʃvaŋɐ]

اتاق رادیولوژی کجاست؟
Wo ist der Röntgenraum?
[vo: ɪst de:ɐ̯ 'ʀœntgn̩ˌʀau̯m]

باید چند عکس رادیولوژی از من گرفته شود.
Ich muss mich röntgen lassen.
[ɪç mʊs mɪç 'ʀœntgn̩ 'lasn̩]

من یک ماه پریود نشده ام.
Ich habe einmal meine Regel nicht bekommen.
[ɪç 'ha:bə 'aɪ̯nma:l 'maɪ̯nə 'ʀe:gl nɪçt ˌbə'kɔmən]

کلمات مفید

Termin [tɛʁ'mi:n]	وقت تعیین شده
Untersuchung [ʊntɐ'zu:χʊŋ]	معاینه
Rezept [ʀe'tsɛpt]	نسخه
Behandlung [bə'handlʊŋ]	درمان
Analyse [ana'ly:zə]	آزمایش
Röntgenuntersuchung ['ʀœntgn̩ʊntɐzu:χʊŋ]	اشعه ایکس
ärztliche Untersuchung ['ɛ:ɐ̯tstlɪçə ʊntɐ'zu:χʊŋ]	معاینه جسمی
Krankenschwester ['kʀaŋkn̩ˌʃvɛstɐ]	پرستار
Verdauungsstörung [fɛɐ̯'dau̯ʊŋsˌʃtø:ʀʊŋ]	سوء هاضمه
Infektion [ɪnfɛk'tsi̯o:n]	عفونت
Übelkeit ['y:bl̩kaɪ̯t]	حالت تهوع
Harnwegsinfektion ['haʁnˌve:ksɪnfɛkˌtsi̯o:n]	عفونت مجاری ادرار
Geschlechtskrankheit [gə'ʃlɛçtsˌkʀaŋkhaɪ̯t]	بیماری مقاربتی
Würmer ['vʏʁmɐ]	کرم
Arthritis [ar'tri:tɪs]	آرتروز
Probe ['pʀo:bə]	نمونه آزمایش
Asthma ['astma]	آسم
Bronchitis [bʀɔn'çi:tɪs]	برونشیت
Allergie [ˌalɛʁ'gi:]	حساسیت
Herzkrankheit ['hɛʁtsˌkʀaŋkhaɪ̯t]	بیماری قلبی

Zahnarzt - دندانپزشک

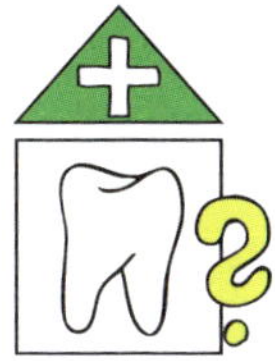

نزدیکترین کلینیک دندانپزشکی کجاست؟
Wo ist die nächste Zahnklinik?
[vo: ɪst di: 'nɛ:çstə 'ʦa:nˌkli:nɪk]

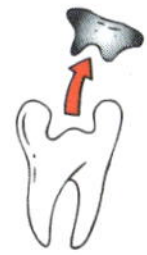

پرشدگی دندانم کنده شده است.
Mir ist eine Füllung rausgefallen.
[mi:ɐ̯ ɪst 'aɪ̯nə 'fʏlʊŋ 'ʀaʊ̯sgəˌfalən]

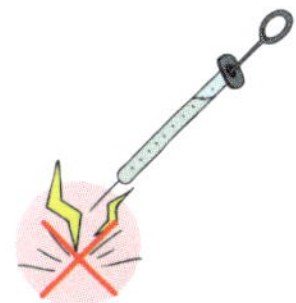

لطفاً برای درد آن کاری بکنید.
Tun Sie bitte etwas gegen die Schmerzen.
[tu:n zi: 'bɪtə 'ɛtvas 'ge:gn̩ di: 'ʃmɛʁʦn̩]

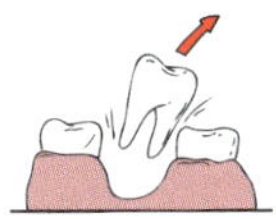

یک دندان من افتاده است.
Mir ist ein Zahn rausgefallen.
[mi:ɐ̯ ɪst aɪ̯n ʦa:n 'ʀaʊ̯sgəˌfalən]

ن دندان را نکشید.
Bitte ziehen Sie ihn nich
['bɪtə 'ʦi:ən zi: i:n nɪç

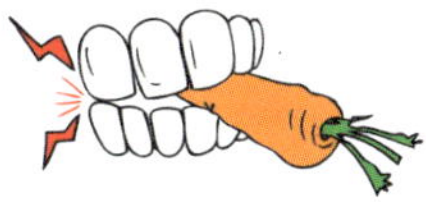

وقتی غذا می جوم درد می گیرد.
Es tut beim Kauen weh.
[ɛs tu:t baɪ̯m 'kaʊ̯ən ve:]

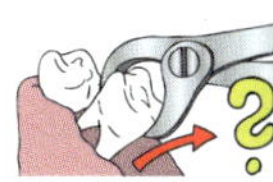

آیا لازم است که این دندان کشیده شود؟
Ist es nötig, diesen Zahn zu ziehen?
[ɪst ɛs 'nø:tɪç 'di:zən ʦa:n ʦu: 'ʦi:ən]

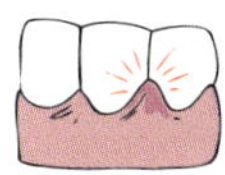

لثه هایم درد می کنند.
Mein Zahnfleisch tut weh.
[maɪ̯n 'ʦa:nflaɪ̯ʃ tu:t ve:]

لطفاً این دندان را روکش کنید.
Machen Sie bitte ein Krone für diesen Zahn.
['maχn̩ zi: 'bɪtə aɪ̯n 'kʀo:nə fy:ɐ̯ 'di:zən ʦa:n]

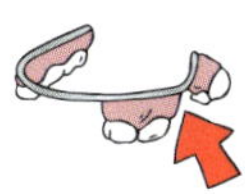

آیا می توانید دندانهای مصنوعی مرا درست کنید؟
Können Sie meine Zahnprothese reparieren?
['kœnən zi: 'maɪ̯nə 'ʦa:npʀoˌte:zə ˌʀepa'ʀi:ʀən]

Unfälle/Erste Hilfe - حوادث/کمکهای اولیه

لطفاً یک پزشک خبر کنید.
Bitte rufen Sie einen Arzt.
[ˈbɪtə ˈʀuːfn̩ ziː ˈaɪ̯nən aːɐ̯tst]

لطفاً یک آمبولانس خبر کنید.
Bitte rufen Sie einen Krankenwagen.
[ˈbɪtə ˈʀuːfn̩ ziː ˈaɪ̯nən ˈkʀaŋkn̩ˌvaːgn̩]

او شدیداً صدمه دیده است.
Er ist schwer verletzt.
[eːɐ̯s ɪst ʃveːɐ̯ fɛɐ̯ˈlɛtst]

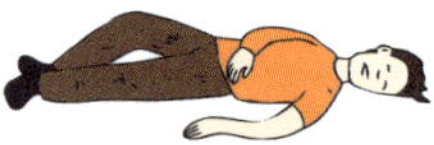

او بیهوش است.
Er ist bewusstlos.
[eːɐ̯s ɪst ˌbəˈvʊstloːs]

مرا به بیمارستان ببرید!
Bringen Sie mich in ein Krankenhaus!
[ˈbʀɪŋən ziː mɪç ɪn aɪ̯n ˈkʀaŋkn̩ˌhaʊ̯s]

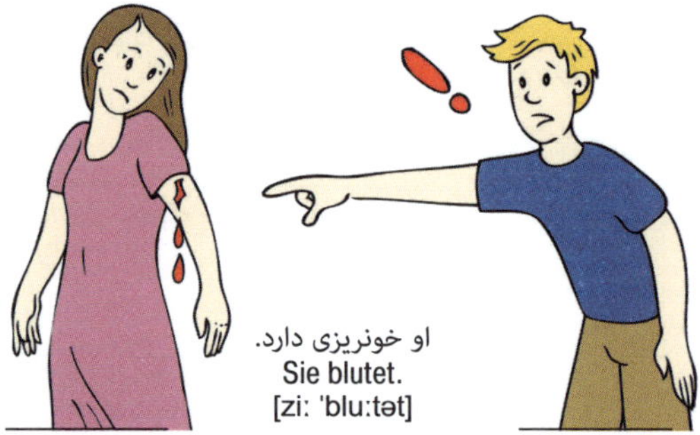

من خونریزی دا
Ich blute.
[ɪç ˈbluːtə]

او خونریزی دارد.
Er blutet.
[eːɐ̯s ˈbluːtət]

او خونریزی دارد.
Sie blutet.
[ziː ˈbluːtət]

من با یک ماشین تصادف کرده ام.
Ich wurde von einem Auto angefahren.
[ɪç ˈvʊʁdə fɔn ˈaɪ̯nəm ˈaʊ̯to ˈangəˌfaːʀən]

من از پله ها افتادم.
Ich bin die Treppe heruntergefallen.
[ɪç bɪn diː ˈtʀɛpə hɛˈʁʊntɐgəˌfalən]

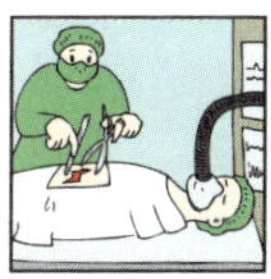

آیا نیاز به عمل جراحی دارم؟
Muss ich operiert werden?
[mʊs ɪç opəˈʀiːɐ̯t ˈveːɐ̯dn̩]

مقدار زیادی خون از من رفته است.
Ich habe viel Blut verloren.
[ɪç ˈhaːbə fiːl bluːt ˌfɛɐ̯ˈloːʀən]

بفرمایید این بیمه نامه پزشکی من است.
Hier ist meine Krankenversicherungskarte.
[hiːɐ̯ ɪst ˈmaɪ̯nə ˈkʀaŋkn̩fɛɐ̯ˌzɪçəʀʊŋsˌkaʁtə]

آیا بیهوشی موضعی برای من لازم است؟
Brauche ich eine Lokalbetäubung?
[ˈbʀaʊ̯χə ɪç ˈaɪ̯nə loˈkaːlˌbəˌtɔɪ̯bʊŋ]

آیا باید در بیمارستان بمانم؟
Muss ich im Krankenhaus bleiben?
[mʊs ɪç ɪm ˈkʀaŋkn̩ˌhaʊ̯s ˈblaɪ̯bm̩]

Unfälle/Erste Hilfe - حوادث/کمکهای اولیه

من به پنی سیلین حساسیت دارم.
Ich bin allergisch gegen Penizillin.
[ɪç bɪn a'lɛʁgɪʃ 'ge:gn̩ ˌpenitsɪ'li:n]

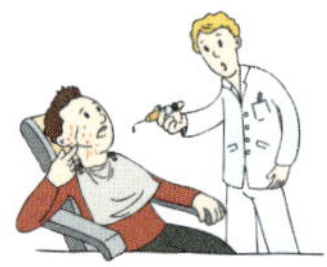

من به داروی بیهوشی نواکائین حساسیت دارم.
Ich habe eine Reaktion auf Novocain.
[ɪç 'ha:bə 'aɪ̯nə ˌʀeak'tsi̯o:n aʊ̯f ˌnɔvɔ'kai:n]

من به آنتی بیوتیک حساسیت دارم.
Ich bin allergisch gegen Antibiotika.
[ɪç bɪn a'lɛʁgɪʃ 'ge:gn̩ ˌanti'bi̯o:tika]

من این قرص ها را می خورم.
Ich habe diese Tabletten genommen.
[ɪç 'ha:bə 'di:zə ta'blɛtn̩ ˌgə'nɔmən]

من به هیچ دارویی حساسیت ندارم.
Ich bin gegen keine Medikamente allergisch.
[ɪç bɪn 'ge:gn̩ 'kaɪ̯nə ˌmedika'mɛntə a'lɛʁgɪʃ]

من صرع دارم.
Ich bin Epileptiker.
[ɪç bɪn ˌepi'lɛptikɐ]

من حساسیت دارم.
Ich bin Allergiker.
[ɪç bɪn a'lɛʁgikɐ]

من معلولیت دارم.
Ich bin behindert.
[ɪç bɪn ˌbə'hɪndɐt]

Drogerieداروخانه

داروخانه چه ساعتی باز می کند؟
Wann öffnet die Apotheke?
[van 'œfnət di: ˌapo'te:kə]

داروخانه چه ساعتی تعطیل می کند؟
Wann schließt die Apotheke?
[van ʃli:st di: ˌapo'te:kə]

نزدیکترین داروخانه شبانه روزی کجاست؟
Wo ist die nächste Nachtapotheke?
[vo: ɪst di: 'nɛ:çstə 'naχtapoˌte:kə]

آیا برای این باید نسخه داشته باشم؟
Brauche ich dafür ein Rezept?
['bʀaʊ̯χə ɪç da'fy:ɐ̯ aɪ̯n ʀe'tsɛpt]

ان دارد این نسخه را برای من بپیچید؟
Können Sie ein Medikament nach diesem Rezept vorbereite
['kœnən zi: aɪ̯n ˌmedika'mɛnt na:χ 'di:zəm ʀe'tsɛpt 'fo:ɐ̯bəˌʀaɪ̯t

برای گرفتنش بر می گردم.
Ich komme wieder und hole es a
[ɪç 'kɔmə 'vi:dɐ ʊnt 'ho:lə ɛs a

آیا باید منتظر بمانم؟
Soll ich warten?
[zɔl ɪç 'vaʁtən]

Drogerie - داروخانه

کلمات مفید

Verfallsdatum [fɛɐ̯'falsˌda:tʊm]	تاریخ انقضا
Nur für äußere Anwendung [nu:ɐ̯ fy:ɐ̯ 'ɔɪ̯səʀə 'anvɛndʊŋ]	فقط برای استعمال خارجی
Intravenös [ɪntʀave'nø:s]	درون وریدی
rektal [ʀɛk'ta:l]	مقعدی
oral [o'ʀa:l]	دهانی
Teelöffel ['te:ˌlœfl̩]	قاشق چایخوری
Dosierung [do'zi:ʀʊŋ]	مقدار مصرف
Tablette [ta'blɛtə]	قرص
Dragée [dʀa'ʒe:]	قرص پوشش دار
Brausetabletten ['bʀaʊ̯zətaˌblɛtn̩]	قرص های جوشان
Kapsel ['kapsl̩]	کپسول
Ampulle [am'pʊlə]	آمپول
Tropfen ['tʀɔpfn̩]	قطره
Salbe ['zalbə]	روغن مالیدنی
Mixtur [mɪks'tu:ɐ̯]	مخلوط
Sirup ['zi:ʀʊp]	شربت
Zäpfchen ['tsɛpfçn̩]	شیاف
Puder ['pu:dɐ]	پودر
Lösung ['lø:zʊŋ]	محلول
Suspension [zu'zpaŋˌzi̯o:n]	سوسپانسیون
Creme [kʀɛ:m]	کرم
Heilmittel ['haɪ̯lmɪtl̩]	درمان
Medikament [medika'mɛnt]	دارو
Schmerzmittel ['ʃmɛʁtsˌmɪtl̩]	داروی مسکّن
Analgetikum [anal'ge:tikʊm]	داروی مسکّن
Beruhigungsmittel [bə'ʀu:ɪgʊŋsˌmɪtl̩]	آرام بخش
Abführmittel ['apfy:ɐ̯ˌmɪtl̩]	ملیّن
Sedativum [zeda'ti:vʊm]	آرام بخش
Schlafmittel ['ʃla:fˌmɪtl̩]	قرص خواب
Aspirin-Ersatz [ˌaspi'ʀi:nɛɐ̯ˌzats]	مسکّنی غیر از آسپرین
Hustentropfen ['hu:stn̩ˌtʀɔpfn̩]	قطره سرفه
Ohrtropfen ['o:ɐ̯ˌtʀɔpfn̩]	قطره گوش
Augentropfen ['aʊ̯gn̩ˌtʀɔpfn̩]	قطره چشم

آیا برای کودکان مناسب است؟
Ist es für Kinder geeignet?
[ɪst ɛs fyːɐ̯ ˈkɪndɐ ˌɡəˈʔaɪ̯ɡnət]

این دارو را باید هر چند وقت یکبار مصرف کنم؟
Wie oft soll ich die Medizin einnehmen?
[viː ɔft zɔl ɪç diː mediˈt͡siːn ˌaɪ̯nˈneːmən]

آیا این دارو عوارض جانبی دارد؟
Hat dieses Medikament irgendwelche Nebenwirkungen?
[hat ˈdiːzəs ˌmedikaˈmɛnt ˈɪʁɡn̩tˌvɛlçə ˈneːbn̩ˌvɪʁkʊŋən]

این دارو باید چه طور مصرف شود؟
Wie soll ich diese Medizin einnehmen?
[viː zɔl ɪç ˈdiːzə mediˈt͡siːn ˌaɪ̯nˈneːmən]

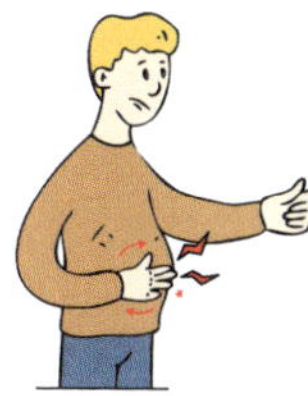

ممکن است چیزی برای به هم خوردن معده به من بدهید؟
Kann ich etwas gegen Magenverstimmung bekommen?
[kan ɪç ˈɛtvas ˈɡeːɡn̩ ˈmaːɡn̩fɛɐ̯ʃtɪmʊŋ ˌbəˈkɔmən]

ممکن است چیزی برای اسهال به من بدهید؟
Kann ich etwas gegen Durchfall bekommen?
[kan ɪç ˈɛtvas ˈɡeːɡn̩ ˈdʊʁçˌfal ˌbəˈkɔmən]

با معده خالی؟
Auf leeren Magen?
[aʊ̯f ˈleːʀən ˈmaːɡn̩]

بعد از غذا؟
Nach dem Essen?
[naːχ deːm ˈɛsn̩]

قبل از غذا؟
Vor dem Essen?
[foːɐ̯ deːm ˈɛsn̩]

با غذا؟
Mit dem Essen?
[mɪt deːm ˈɛsn̩]

Drogerie - داروخانه

ممکن است چیزی برای کسالت الکلی به من بدهید؟
Kann ich etwas gegen einen Kater bekommen?
[kan ɪç 'ɛtvas 'ge:gn̩ 'aɪ̯nən 'ka:tɐ ˌbə'kɔmən]

ممکن است چیزی برای دل به هم خوردگی ناشی از حرکت به من بده
Kann ich etwas gegen Reisekrankheit bekommen?
[kan ɪç 'ɛtvas 'ge:gn̩ 'ʀaɪ̯zəˌkʀaŋkhaɪ̯t ˌbə'kɔmən]

ممکن است چیزی برای آفتاب سوختگی به من بدهید؟
Kann ich etwas gegen einen Sonnenbrand bekommen?
[kan ɪç 'ɛtvas 'ge:gn̩ 'aɪ̯nən 'zɔnənˌbʀant ˌbə'kɔmən]

ممکن است چیزی برای گزیدگی حشره به من بدهید؟
Kann ich etwas gegen Insektenstiche bekommen?
[kan ɪç 'ɛtvas 'ge:gn̩ ɪn'zɛktn̩ʃtɪçə ˌbə'kɔmən]

ممکن است چیزی برای حساسیت به گرده های بهاری به من بدهید؟
Kann ich etwas gegen Heuschnupfen bekommen?
[kan ɪç 'ɛtvas 'ge:gn̩ 'hɔɪ̯ʃnʊpfn̩ ˌbə'kɔmən]

ممکن است چیزی برای سرفه به من بدهید؟
Kann ich etwas gegen Husten bekommen?
[kan ɪç 'ɛtvas 'ge:gn̩ 'hu:stn̩ bə'kɔmən]

ممکن است چیزی برای گلو درد به من بدهید؟
Kann ich etwas gegen Halsschmerzen bekommen?
[kan ɪç 'ɛtvas 'ge:gn̩ 'halsˌʃmɛʁtsn̩ ˌbə'kɔmən]

ممکن است چیزی برای سرما خوردگی به من بدهید؟
Kann ich etwas gegen Erkältung bekommen?
[kan ɪç 'ɛtvas 'ge:gn̩ ɛɐ̯'kɛltʊŋ ˌbə'kɔmən]

ممکن است آسپرین به من بدهید؟
Bitte geben Sie mir etwas Aspirin.
['bɪtə 'ge:bn̩ zi: mi:ɐ̯ 'ɛtvas ˌaspi'ʀi:n]

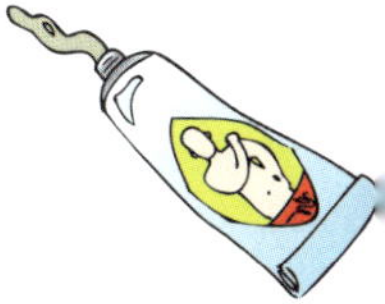

ممکن است کرم ضدعفونی به من بدهید؟
Bitte geben Sie mir eine antiseptische Creme.
['bɪtə 'ge:bn̩ zi: mi:ɐ̯ 'aɪ̯nə ˌanti'zɛptɪʃə kʀɛ:m]

ممکن است کاندوم به من بدهید؟
Bitte geben Sie mir Kondome.
['bɪtə 'ge:bn̩ zi: mi:ɐ̯ ˌkɔn'do:mə]

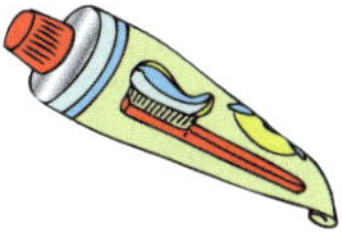

ممکن است خمیر دندان به من بدهید؟
Bitte geben Sie mir Zahnpasta.
['bɪtə 'ge:bn̩ zi: mi:ɐ̯ 'ʦa:nˌpasta]

ممکن است دستمال کاغذی به من بدهید؟
Bitte geben Sie mir Taschentücher.
['bɪtə 'ge:bn̩ zi: mi:ɐ̯ 'taʃn̩ˌty:çe]

ممکن است دافع حشرات به من بدهید؟
Bitte geben Sie mir ein Insektenschutzmittel.
['bɪtə 'ge:bn̩ zi: mi:ɐ̯ aɪ̯n ɪn'zɛktn̩ʃʊʦˌmɪtl̩]

کلمات مفید

Desinfektionslösung [dɛsʔɪnfɛk'ts̮io:ns,lø:zʊŋ] . . . . محلول استریل کننده
Anti-Allergie-Tabletten ['antialɛʁ,gi:ta,blɛtən] . . . . قرص ضد آلرژی
Asthma-Spray ['astma∫pʀe:] . . . . اسپری ضد آسم
Einlauf ['aɪ̯n,laʊ̯f] . . . . تنقیه
Thermometer [tɛʁmo'me:tɐ] . . . . درجه
Heftpflaster ['hɛft,pflastɐ] . . . . چسب زخم
Feuchtigkeitscreme ['fɔɪ̯çtɪçkaɪ̯ts,kʀɛ:m] . . . . کرم مرطوب کننده
Handcreme ['hant,kʀe:m] . . . . کرم دست
Lippensalbe/Lippenbalsam ['lɪpn̩,zalbə / 'lɪpn̩,balza:m] . . . . پماد/کرم لب
Deodorant [deʔodo'ʀant] . . . . دئودورانت
Zahnseide ['ʦa:n,zaɪ̯də] . . . . نخ دندان
Zahnbürste ['ʦa:n,bʏʁstə] . . . . مسواک
Sonnencreme/Sonnenlotion ['zɔnən,kʀɛ:m / 'zɔnənlo,ts̮io:n] . . . . کرم برای حمام آفتاب
AfterSun-Lotion ['ɑ:ftə,sʌn lo'ts̮io:n] . . . . لوسیون پس از حمام آفتاب
Sonnenblocker ['zɔnən,blɔkɐ] . . . . کرم ضد آفتاب
Lichtschutzfaktor ['lɪçt∫ʊts,fakto:ɐ̯] . . . . عامل محافظت در برابر نور آفتاب
Rasierklingen [ʀa'zi:ɐ̯klɪŋən] . . . . تیغ صورت تراشی
Aftershave ['a:ftɐ∫e:f] . . . . افترشیو
Toilettenpapier [to̯a'lɛtn̩pa,pi:ɐ̯] . . . . دستمال توالت
Seife ['zaɪ̯fə] . . . . صابون
Damenbinden ['da:mən,bɪndn̩] . . . . نوار بهداشتی
Tampons ['tampo:ns] . . . . تامپون
Kamm [kam] . . . . شانه
Haarspülung ['ha:ɐ̯∫py:lʊŋ] . . . . نرم کننده
Schaumfestiger ['∫aʊ̯m,fɛstɪgɐ] . . . . موس
Haarspray ['ha:ɐ̯∫pʀe:] . . . . اسپری مو
Shampoo ['∫ampu] . . . . شامپو
Babynahrung ['be:bi,na:ʀʊŋ] . . . . غذای بچه
Windeln ['vɪndl̩n] . . . . پوشک

سالن زیبایی
Schönheitspflege

چه مدت باید منتظر بمانم؟
Wie lange werde ich warten müssen?
[viː ˈlaŋə ˈveːɐ̯də ɪç ˈvaʁtən ˈmʏsn̩]

من می خواهم برای کوتاه کردن مو وقت بگیرم.
Ich möchte einen Termin zum Haareschneiden ausmachen.
[ɪç ˈmœçtə ˈaɪ̯nən tɛʁˈmiːn tsʊm ˈhaːʀəʃnaɪ̯dn̩ ˈaʊ̯sˌmaχn̩]

کجا می توانم مدت کوتاهی بنشینم؟
Wo kann ich mich für eine Weile hinsetzen?
[voː kan ɪç mɪç fyːɐ̯ ˈaɪ̯nə ˈvaɪ̯lə ˈhɪnˌzɛtsn̩]

من می خواهم شامپو بزنم.
Ich möchte eine Haarwäsche.
[ɪç ˈmœçtə ˈaɪ̯nə ˈhaːɐ̯ˌvɛʃə]

من می خواهم که به موی من مدل دهید.
Ich möchte eine Frisur.
[ɪç ˈmœçtə ˈaɪ̯nə ˌfʀiˈzuːɐ̯]

من می خواهم مویم را کوتاه کنم.
Ich möchte einen Haarschnitt.
[ɪç ˈmœçtə ˈaɪ̯nən ˈhaːɐ̯ʃnɪt]

من مدل موی کوتاه می خواهم.
Ich möchte einen kurzen Haarschnitt.
[ɪç ˈmœçtə ˈaɪ̯nən ˈkʊʁtsn̩ ˈhaːɐ̯ʃnɪt]

لطفاً موی مرا رنگ کنید.
Ich möchte meine Haare färben lassen.
[ɪç ˈmœçtə ˈmaɪ̯nə ˈhaːʀə ˈfɛʁbn̩ ˈlasn̩]

لطفاً موی مرا فر کنید.
Ich möchte meine Haare wellen lassen.
[ɪç ˈmœçtə ˈmaɪ̯nə ˈhaːʀə ˈvɛlən ˈlasn̩]

لطفاً کوتاهش کنید.
Bitte schneiden Sie es kurz.
[ˈbɪtə ˈʃnaɪ̯dn̩ ziː ɛs kʊʁʦ]

خیلی کوتاه نشود.
Nicht zu kurz.
[nɪçt ʦuː kʊʁʦ]

لطفاً موی مرا شامپو بزنید و مدل دهید.
Bitte waschen und stylen Sie mein Haar.
[ˈbɪtə ˈvaʃn̩ ʊnt ˈstaɪ̯lən ziː maɪ̯n haːɐ̯]

یک فر دائم نرم، لطفاً.
Bitte eine leichte Dauerwelle.
[ˈbɪtə ˈaɪ̯nə ˈlaɪ̯çtə ˈdaʊ̯ɐˌvɛlə]

فقط کمی از اطراف را کوتاه کنید.
Schneiden Sie nur ein wenig die Spitzen.
[ˈʃnaɪ̯dn̩ ziː nuːɐ̯ aɪ̯n ˈveːnɪç diː ˈʃpɪʦən]

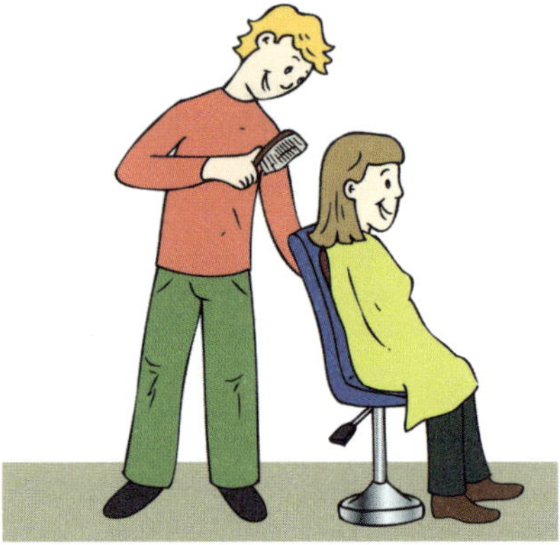

لطفاً پایین مو را به داخل فر کنید.
Bitte locken Sie die Enden nach innen.
['bɪtə 'lɔkn̩ zi: di: 'ɛndn̩ na:χ 'ɪnən]

لطفاً پایین مو را به بیرون فر کنید.
Bitte locken Sie die Enden nach außen.
['bɪtə 'lɔkn̩ zi: di: 'ɛndn̩ na:χ 'au̯sn̩]

لطفاً فرق مرا از سمت راست باز کنید.
Bitte machen Sie mir einen Scheitel auf der rechten Seite.
['bɪtə 'maχn̩ zi: mi:ɐ̯ 'aɪ̯nən 'ʃaɪ̯tl̩ au̯f de:ɐ̯ 'ʀɛçtn̩ 'zaɪ̯tə]

لطفاً فرق مرا از وسط باز کنید.
Bitte machen Sie mir einen Scheitel in der Mitte.
['bɪtə 'maχn̩ zi: mi:ɐ̯ 'aɪ̯nən 'ʃaɪ̯tl̩ ɪn de:ɐ̯ 'mɪtə]

لطفاً مدل مو را با اسپری مو ثابت کنید.
Bitte fixieren Sie die Frisur mit Haarspray.
['bɪtə fɪ'ksi:ʀən zi: di: ˌfʀi'zu:ɐ̯ mɪt 'ha:ɐ̯ʃpʀe:]

لطفاً بدون اسپری مو.
Bitte ohne Haarspray.
['bɪtə 'o:nə 'ha:ɐ̯ʃpʀe:]

لطفاً از موس استفاده کنید.
Bitte verwenden Sie Schaumfestiger.
['bɪtə fɛɐ̯'vɛndn̩ fɛɐ̯'vɛndən zi: 'ʃau̯mˌfɛstɪgɐ]

لطفاً ریش من را کوتاه کنید.
Bitte schneiden Sie meinen Bart zurecht.
['bɪtə 'ʃnaɪ̯dn̩ zi: 'maɪ̯nən ba:ɐ̯t t͡su'ʀɛçt]

لطفاً سبیل من را کوتاه کنید.
Bitte schneiden Sie meinen Schnurrbart zurecht.
['bɪtə 'ʃnaɪ̯dn̩ zi: 'maɪ̯nən 'ʃnʊʁˌba:ɐ̯t t͡su'ʀɛçt]

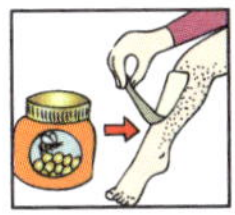

من می خواهم اپیلاسیون کنم.
Ich möchte eine Wachsepilation.
[ɪç 'mœçtə 'aɪ̯nə 'vaksepilaˌt͡si̯o:n]

لطفاً پوست سرم را ماساژ بدهید.
Ich möchte eine Kopfhautmassage bitte.
[ɪç 'mœçtə 'aɪ̯nə 'kɔpfˌhaʊ̯tmaˌsa:ʒə 'bɪtə]

من می خواهم ماسک صورت بگذارم.
Ich möchte eine Gesichtspflege.
[ɪç 'mœçtə 'aɪ̯nə gə'zɪçt͡sˌpfle:gə]

کلمات مفید

Frisörsalon [fʀi'zø:ɐ̯ˌsalɔn] . . . . آرایشگاه
Schönheitssalon ['ʃø:nhaɪ̯t͡szaˌlõ:] . . . . سالن زیبایی
Stylist [fʀi'zø:ɐ̯] . . . . آرایشگر
Make-up ['me:kʔap] . . . . آرایش
Strähnchen ['ʃtʀɛ:nçən] . . . . هایلایت
Locken ['lɔkn̩] . . . . فر
Wellen ['vɛlən] . . . . ویو
Pony ['pɔni] . . . . موی چتری
Färbung ['fɛʁbʊŋ] . . . . رنگ
Spa [ʃpa:] . . . . آبگرم
Haarpflege ['ha:ɐ̯ˌpfle:gə] . . . . نگهداری مو
Carving ['kɑrvɪŋ] . . . . فر کوتاه مدت
Nagelverlängerung ['na:glfɛɐ̯ˌlɛŋəʀʊŋ] . . . . ناخن مصنوعی

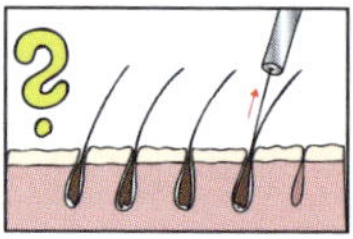

آیا شما اپیلاسیون می کنید؟
Machen Sie Haarentfernungen?
['maχn̩ zi: 'ha:ɐ̯ɛnt̩fɛʁnʊŋən]

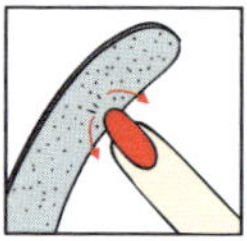

من می خواهم که ناخنهایم را شکل دهید و لاک بزنید.
Bitte feilen Sie meine Nägel und bringen Sie sie in Form.
['bɪtə 'faɪ̯lən zi: 'maɪ̯nə 'nɛ:gl ʊnt 'bʀɪŋən zi: zi: ɪn fɔʁm]

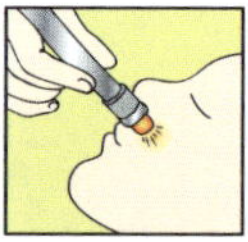

لطفاً پوستم را تمیز کنید.
Ich möchte eine Hautbehandlung haben.
[ɪç 'mœçtə 'aɪ̯nə 'haʊ̯tbə̩handlʊŋ 'ha:bən]

کلمات مفید

klassische Maniküre ['klasɪʃə mani'ky:rə] . . . . مانیکور کلاسیک
Pediküre [pedi'ky:rə] . . . . پدیکور
Nagelreparatur ['na:glʀepaʀa̩tu:ɐ̯] . . . . ترمیم ناخن
Gesichtsbehandlung [gə'zɪçt͡sbə̩handlʊŋ]. . . . . پاک کردن/تمیز کردن
Epilation [epila'tsi̯o:n] . . . . اپیلاسیون
Maske ['maskə]. . . . . ماسک
Massage [ma'sa:ʒə] . . . . ماساژ
Peeling ['pi:lɪŋ]. . . . . پیلینگ

خبر کردن پلیس

Die Polizei rufen

کمک!
Hilfe!
['hɪlfə]

فوری است!
Es ist dringend!
[ɛs ɪst 'dʁɪŋənt]

لطفاً فوراً با پلیس تماس بگیرید.
Bitte rufen Sie sofort die Polizei.
['bɪtə 'ʁuːfn̩ ziː zo'fɔʁt diː ˌpoli'ʦaɪ̯]

نزدیکترین مرکز پلیس کجاست؟
Wo ist das nächste Polizeirevier?
[voː ɪst das 'nɛːçstə ˌpoli'ʦaɪ̯ʁeˌviːɐ̯]

من مورد حمله قرار گرفتم.
Ich wurde angegriffen.
[ɪç 'vʊʁdə 'angəˌɡʁɪfn̩]

من مورد سرقت قرار گرفت
Ich wurde beraubt.
ɪç 'vʊʁdə bə'ʁaʊ̯pt]

من می خواهم یک حادثه را گزارش دهم.
Ich möchte einen Unfall melden.
[ɪç ˈmœçtə ˈaɪ̯nən ˈʊnfal ˈmɛldn̩]

من می خواهم یک ضرب و شتم را گزارش دهم.
Ich möchte einen Raubüberfall melden.
[ɪç ˈmœçtə ˈaɪ̯nən ˈʀaʊ̯pˌyːbɐˌfal ˈmɛldn̩]

من می خواهم یک حمله را گزارش دهم.
Ich möchte einen Angriff melden.
[ɪç ˈmœçtə ˈaɪ̯nən ˈanˌɡʀɪf ˈmɛldn̩]

من می خواهم یک تجاوز به عنف را گزارش دهم.
Ich möchte eine Vergewaltigung melden.
[ɪç ˈmœçtə ˈaɪ̯nə ˌfɛɐ̯ɡəˈvaltɪɡʊŋ ˈmɛldn̩]

لطفاً یک گزارش سرقت پر کنید.
Bitte füllen Sie eine Diebstahl-Anzeige aus.
[ˈbɪtə ˈfʏlən ziː ˈaɪ̯nə ˈdiːpʃtaːlʔanˌʦaɪ̯ɡə aʊ̯s]

آیا می توانم درخواست صدور مجدد کنم؟
Kann er neu ausgestellt werden?
[kan eːɐ̯ nɔɪ̯ ˈaʊ̯sɡəʃtɛlt ˈveːɐ̯dn̩]

من گذرنامه ام را گم کرده ام.
Ich habe meinen Reisepass verloren.
[ɪç ˈhaːbə ˈmaɪ̯nən ˈʀaɪ̯zəˌpas ˌfɛɐ̯ˈloːʀən]

من بلیطم را گم کرده ام.
Ich habe meine Fahrkarte verloren.
[ɪç ˈhaːbə ˈmaɪ̯nə ˈfaːɐ̯ˌkaʁtə ˌfɛɐ̯ˈloːʀən]

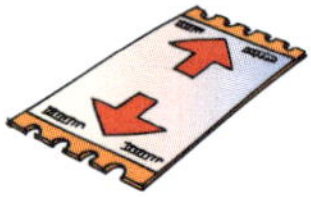

من وسایلم را گم کرده ام.
Ich habe mein Gepäck verloren.
[ɪç ˈhaːbə maɪ̯n ɡəˈpɛk ˌfɛɐ̯ˈloːʀən]

من کیفم را گم کرده ام.
Ich habe meine Handtasche verloren.
[ɪç ˈhaːbə ˈmaɪ̯nə ˈhantˌtaʃə ˌfɛɐ̯ˈloːʀən]

دفتر اشیاء پیدا شده کجاست؟
Wo ist das Fundbüro?
[voː ɪst das ˈfʊntˌbyʀo]

دوربین من به سرقت رفته است.
Meine Kamera wurde gestohlen.
['maɪ̯nə 'kaməʁa 'vʊʁdə ˌgə'ʃtoːlən]

کیف پول من به سرقت رفته است.
Mein Portemonnaie wurde gestohlen.
[maɪ̯n pɔʁtmɔ'neː 'vʊʁdə ˌgə'ʃtoːlən]

ساعت مچی من به سرقت رفته است.
Meine Armbanduhr wurde gestohlen.
['maɪ̯nə 'aʁmbantˌʔuːɐ̯ 'vʊʁdə ˌgə'ʃtoːlən]

وسایل من به سرقت رفته است.
Mein Gepäck wurde gestohlen.
[maɪ̯n gə'pɛk 'vʊʁdə ˌgə'ʃtoːlən]

بلیط من به سرقت رفته است.
Meine Fahrkarte wurde gestohlen.
['maɪ̯nə 'faːɐ̯ˌkaʁtə 'vʊʁdə ˌgə'ʃtoːlən]

گذرنامه من به سرقت رفته است.
Mein Reisepass wurde gestohlen.
[maɪ̯n 'ʁaɪ̯zəˌpas 'vʊʁdə ˌgə'ʃtoːlən]

کیف من به سرقت رفته است.
Meine Handtasche wurde gestohlen.
['maɪ̯nə 'hantˌtaʃə 'vʊʁdə ˌgə'ʃtoːlən]

من یک مترجم می خواهم.
Ich brauche einen Dolmetscher.
[ɪç ˈbʀaʊ̯χə ˈaɪ̯nən ˈdɔlmɛtʃɐ]

من باید با وکیلم تماس بگیرم.
Ich muss meinen Anwalt anrufen.
[ɪç mʊs ˈmaɪ̯nən ˈanvalt ˈanˌʀuːfn̩]

من باید با سفارتخانه تماس بگیرم.
Ich muss die Botschaft anrufen.
[ɪç mʊs diː ˈboːtʃaft ˈanˌʀuːfn̩]

من باید با خویشاوندانم تماس بگیرم.
Ich muss meine Verwandten anrufen.
[ɪç mʊs ˈmaɪ̯nə fɛɐ̯ˈvantn̩ ˈanˌʀuːfn̩]

من باید با دوستانم تماس بگیرم.
Ich muss meine Freunde anrufen.
[ɪç mʊs ˈmaɪ̯nə ˈfʀɔɪ̯ndə ˈanˌʀuːfn̩]

Register

الفهرس

F

E

G

Q

R

P

S

Z